이제 당신이
명상을
해야 할 때

이제 당신이
명상을
해야 할 때

일과 삶의 균형을 찾고 싶은
당신에게 꼭 필요한 한가지

김병전 지음

불광출판사

나는 누구이고 어디로 가는가?

1

몇 해 전 이 책의 저자가 조언을 구하기 위해 나를 찾아왔습니다. 다니던 회사를 그만두고 명상 전문 비즈니스를 시작할 계획이라면서 말이지요. 당시 원론적이지만 그만큼 중요하다고 여겨지는 바를 조언해주었던 기억이 납니다.

"삶의 여정에서 갈림길을 만나면 하나의 길을 선택해야 합니다. 선택하기 전에는 충분히 숙고하되 일단 마음이 정해지면 그 길로 곧장 가야 해요. 이 길이 아니면 어쩌나 걱정할 필요가 없습니다. 왜냐하면 다시 선택할 기회가 반드시 오기 때문이지요. 안주하지 않고 의미와 가치를 향해 가려면 늘 자기 삶을 되돌아봐야 합니다. 필요하면 미련 없이 새롭게 시작할 줄도 알아야 하고요. 하나의 과정을 매듭짓고 또다시 새로운 출발을 하고, 그렇게 마디가 많아질수록 삶이 탄탄해집니다. 마디마다 거듭하여 새롭게 자라나는 대나무와 같다고 할까요.

대나무가 하늘 높이 자랄 수 있는 건 마디 때문이에요. 만약 중간중간 줄기를 지탱하는 마디가 없다면 올곧게 높이 자랄 수 없을뿐더러 강한 바람에 견디지 못할 겁니다. 우리 삶도 마찬가지예요."

얼마 후 그는 국내 최초 명상 전문 HR 컨설팅 회사 무진어소시에이츠㈜를 설립했습니다. 아더앤더슨 컨설팅, 머서 컨설팅, 딜로이트 컨설팅 등 해외 유명 경영 자문 회사를 비롯해 김앤장 법률사무소 HR 부문 대표를 역임했던 눈부신 이력을 뒤로하고 인생의 새로운 전환점을 맞이한 겁니다.

2

후기인상파 화가 폴 고갱(Paul Gauguin)의 대표작 중 〈우리는 어디서 왔으며, 누구이고, 어디로 가는가?(Where do we come from? Who are we? Where are we going?)〉라는 그림이 있습니다. 고갱이 삶의 고뇌와 고통이 극에 달했던 시기에 그린 작품으로, 스스로 최고라 자부하는 그림이라고 합니다. 고갱이 그랬듯이 삶의 진정한 의미와 가치를 성찰하는 사람은 자신이 누구고, 어디서 왔으며, 세상이 어떻게 만들어졌는지에 관한 진지한 질문을 던지게 됩니다.

벌써 10여 년 전의 일입니다. 현대 간화선(看話禪)의 대중화에 선구적 역할을 하고 있는 안국선원장 수불 스님을 모시고 상도선원에서 7박 8일간 간화선 집중 수행을 진행했습니다. 큰 법당에 80여 명의 참가자가 모여 삶의 근원적인 문제인 '나는 누구인가?'라는 물음에 대한 답을 찾고자 '이 뭣고' 화두(話頭)를 들고 치열하게 정진했습니다. 집중 수행이 시작된 지 사흘쯤 지났을까, 맨 끝줄에 앉아서 밤을 지새우며 화두와 씨름하는 한 남성이 눈에 띄었습니다. 수행 중에 화두가 강하게 들리면, 마치 물이 끓어 넘치듯 격렬한 신체 반응이 일어나는 경우가 있는데요. 그렇게 온몸으로 화두와 사투를 벌이고 있었습니다. 그 모습을 곁에서 조용히 지켜보면서 좀 더 강하게 화두 일념에 집중하라고 독려해주었습니다. 다음 날 다시 만났을 때, 그는 어제와는 사뭇 다른 맑은 눈빛을 하고 있었고 몸과 마음이 편안해 보였습니다. 마침내 의식의 획기적인 전환을 이루었던 겁니다. 그가 바로 이 책의 저자 김병전 대표였습니다.

간화선은 '무(無)', '이 뭣고' 등의 화두 언어를 통해 언어 이전의 의식 상태를 자각하게 하여 자아를 해체·통합하는 강력한 의식 전환 프로그램입니다. 그러나 올바른 지도가 없으면 오히려 언어와 자아의 굴레에 빠져버리기 십상입니다. 한국불교에서 눈 밝은 선지식을 만나 가르침 받는 것을 중요시하고 강조하는 이유가 여기에 있습니다.

간화선 수행에서는 화두가 무르익은 상태를 네 단계로 설명합니다. 첫 번째는 언어로 풀기 어려운 존재의 본질에 대한 질문, 즉 의심(疑心)이 일어난 상태입니다. 탈언어화 단계지요. 두 번째는 논리적 정합성을 통해 머리로 답을 찾으려고 하는 습관을 버리고, 머리가 아닌 가슴으로 간절하게 답을 찾는 의정(疑情)이 형성된 상태입니다. 신체화·정서화 단계라고 할 수 있습니다. 세 번째는 의정이 무르익으면서 주관과 객관이 나뉘지 않아 온갖 의심이 하나로 뭉쳐서 의심 덩어리가 된 상태, 즉 의단(疑團)입니다. 느낌과 의식의 몰입 단계지요. 네 번째는 언어, 신체 표상, 생각과 감정 등이 융합되어 형성된 자아가 의심 덩어리와 함께 흔적도 없이 사라지면서 동시에 자아의 탈융합이 일어나는 상태입니다. 몸과 의식의 안팎이 분명하게 드러나는 내외명철(內外明徹)의 단계로서 불이중도(不二中道)의 온전함이 선명히 현전합니다.

수불 스님은 이와 같은 화두 수행의 단계를 짧은 시간에 효과적으로 경험할 수 있도록 현대적 지도법을 고안했습니다. "문제만 외우지 말고 답만 찾아라"라는 가르침을 통해 쉽게 탈언어화에 이를 수 있게 하고, 머리가 아닌 가슴과 몸으로 접근하게 하여 신체와 정서를 효과적으로 통합할 수 있도록 안내합니다. 또 "여울물을 거슬러 올라가듯이", "물이 100°로 끓어 넘치듯이"와 같은 이미지를 활용해 느낌과 의식의 상위 차원을 활성화하여 역동적인 몰입 상태로 유도합니다. 이렇게 몰입의 정점에서 역동적인 반전을 도모하면 안과 밖이 명료하게 드러납니다. 이후의 삶은 온전함에 깨어서 중도를 실천하는 것입니다.

이 책의 저자는 한국불교 정통 수행법이자 최고의 의식 전환 프로그램인 간화선을 만나고, 수행을 바른길로 이끌어줄 선지식을 만나는 행운을 얻었습니다. 그 소중한 기회를 허투루 쓰지 않고 불철주야 정진하여 마침내 본성을 깨달아 확연한 경지를 맛보았던 것입니다.

3

간화선 수행은 체험 이후가 더 중요합니다. 꾸준히 마음공부를 해나가지 않으면, 놀라운 체험이 삶에 스며들지 않고 단발성 경험에 그치게 되지요. 그래서 간화선 수행이 끝난 뒤에도 계속해서 관심을 가지고 저자를 지켜보았습니다. 우연히 법회 때 만날 기회가 생겨서 요즘 어떻게 지내고 있는지, 마음공부는 계속하고 있는지 물었습니다. 돌아온 답은 "몸과 마음에 다양한 변화들이 생겨서 예전보다 한결 편하게 지내고 있지만, 앞으로 더 무엇을 해야 할지 모르겠다"라는 것이었습니다. 예상대로 길을 잃고 헤매고 있었던 겁니다. 이에 저는 체험의 환상 속에 너무 오래 머물지 말고 삶으로 깊이 들어가 사랑과 연민, 즉 자비를 실천하라고 조언해주었습니다. 중도의 삶이야말로 간화선 체험 이후의 바른 공부 방향이라고 말이지요.

내친김에 내가 개발한 자애미소명상(하트스마일명상의 옛 이름)도 해보라고 권했습니다. 간화선이 위대한 본성을 향해 맹렬하게 직입(直入)하는 역동적인 형식이라면, 자애미소명상은 따스하고 훈훈하고 사랑스러운 미소로 마음의 공간을 넓혀주어 우리 안에 내재된 자비심이 활성화되도록 하는 방식입니다. 이를 통해 본성이 스스로 드러나도록 하는 수행법이지요. 2박 3일간의 자애미소명상 집중 수행을 마친 뒤에 그로부터 반가운 소식이 들려왔습니다. 간화선 수행을 통해 체험했던 견처(見處, 깨달은 경험)를 자애미소명상에서 거듭 확인할 수 있었다는 겁니다. 이를 통해 저자는 일상에 명상을 적용하고 수행을 지속할 수 있는 힘을 얻었습니다. 현재 그는 다방면에서 자비를 실천하고 있으며, 하트스마일러 양성교육을 받아 매년 한국명상지도자협회에서 실시하는 명상대강좌에서 하트스마일명상 프로그램을 진행하고 있습니다.

4

서양의 1세대 명상가들은 1960년~1980년대에 인도와 동남아시아, 중국과 동아시아에서 여러 명상 스승들을 탐방한 뒤 그 경험을 토대로 현대적인 명상 프로그램을 개발했습니다. 특히 미국 매사추세츠 의과대학교 존 카밧진(Jon Kabat-Zinn) 박사는 고대의 지혜에 기반한 명상법을 두루 섭렵하고 이를 서양 문화에 맞게 재구성해 '마음챙김에 근거한 스트레스 완화(Mindfulness Based Stress Reduction, MBSR)' 프로그램을 개발해 명상과학의 초석을 마련했습니다. 이어 영국 옥스퍼드대학교에서 '마음챙김에 근거한 인지치료(Mindfulness Based Cognitive Therapy, MBCT)'를 개발하는 등 마음챙김에 기반한 개입법(Mindfulness Based Interventions, MBIs)에 관한 연구가 본격화되었고, 최근에는 컴패션에 근거한 개입법(Compassion Based Interventions, CBIs)에 관한 과학적 연구가 활발하게 진행되고 있습니다.

이 책의 저자는 지혜 전통의 간화선 명상법을 체화한 후에 MBIs와 CBIs 같은 다양한 명상과학 프로그램을 폭넓게 경험한 명상 전문가입니다. 저자의 오랜 명상 경험과 노하우를 바탕으로 쓰인 이 책에는 일상의 행복과 자기 성장을 위한 구체적이고 실용적인 명상법이 풍부하게 소개돼 있습니다. 명상이 무엇인지 잘 모르는 사람, 이제 막 명상의 길에 접어든 초심자들에게 더할 나위 없이 훌륭한 명상 안내서가 되리라 생각합니다. 또한 현재 자신의 삶에 만족하지 못하는 사람, 인생의 진정한 의미가 무엇인지 궁금해하는 이들에게도 좋은 지침서가 되어줄 겁니다.

특별히 이 책이 다른 명상 서적보다 더 생동감 넘치고 실용적인 것은, 저자가 현대 명상과학 프로그램들의 뿌리라고 할 수 있는《염처경(念處經)》을 철저하게 공부하고 이를 명상의 이론과 실천에 적용하고 있기 때문입니다.《염처경》은 불교 명상의 두 기둥인 멈춤과 봄, 즉 사마타(samatha, 止)와 위빠사나(vipassana, 觀)의 원형을 갖추고 있는 경전입니다. 몸(身)·느낌(受)·마음(心)·법(法)을 있는 그대로 관찰하거나, 하나의 대상에 집중하도록 하는 초기불교 수행법이 구체적으로 명시된 명상 교과서라고 할 수 있지요. 이 원형에 대한 분명한 이해가 갖춰져 있으면 상황과 대상에 따라 얼마든지 많은 명상 프로그램을 개발할 수 있습니다.

코로나바이러스로 인한 거리두기가 장기화되면서 심리적 불안과 육체적 피로가 절정에 다다른 이때, 많은 사람이 이 책을 길잡이 삼아 마음챙김 명상으로 마음의 근육을 단련하고 삶에 대한 깊은 성찰과 치유의 시간을 갖게 되길 바랍니다. 바라는 모든 변화가 그로부터 움틀 것입니다.

상도선원 회주 미산

명상을 만나고 알게 된 것들

누구나 한 번쯤 명상에 대해서 들어봤을 것이다. 그만큼 명상은 현재 우리 삶에 밀접해 있다. 명상이 가져다주는 치료와 치유 효과, 그것으로부터 얻을 수 있는 다양한 이로움이 널리 알려져 있다. 그런데도 여전히 많은 사람이 그 혜택을 누리지 못하고 있다. 왜일까? 가장 큰 이유는 직접 해보지 않아서이다. 명상은 사고나 이론체계가 아닌 실천법이다. 아무리 명상에 대해 많이 배우고 공부해도 실천하지 않으면 아무런 소용이 없다. 직접 경험하고 실패도 해보면서 자신에게 맞는 명상법을 찾아내 꾸준히 수련해 나갈 때 명상의 가치를 몸소 경험할 수 있다.

'명상은 종교와 관련된 게 아닌가요?' '매일 전쟁 같은 하루를 살아가는데 명상을 하라는 건 너무 한가한 이야기 아닌가요?' '명상이 사는 데 무슨 도움이 되요?' 명상의 쓸모를 경험해보지 못한 사람에게 명상을 권하면 십중팔구 이런 반응을 보인다. 그러나 지난 40여 년간 마음챙김을 중심으로 명상의 실효성이 과학적 연구를 통해 지속적으로 검증돼 왔으며, 오늘날에는 의료·교육·비즈니스·스포츠 등으로 그 활용 범위가 점차 확장되고 있다. 명상은 이미 종교를 넘어 과학이 되었다.

얼핏 명상은 정적이고 수동적인 행위로 보이지만, 실제로는 매우 역동적이고 능동적인 생활 양식이다. 외부의 힘이 아닌 자신이 가진 내면의 힘으로 스스로를 변화시키고 성장하도록 만들기 때문이다. 무엇보다 명상의 최대 장점은 실용성에 있다. 누구든지, 언제 어디서나 쉽게 명상을 할 수 있다. 하루 10분, 아니 한 번 들이쉬고 내뱉는 호흡만으로도 충분하다. 다만 반복적인 연습과 실천이 필요할 뿐이다. 건강한 몸을 만들기 위해서 규칙적으로 운동을 해야 하듯이 건강한 마음을 가꾸려면 일상에서 틈틈이 명상하는 습관을 기르는 게 중요한 것이다. 그렇게 할 때 얻을 수 있는 이점은 그야말로 무궁무진하다.

국내 최초 명상 전문 HR 컨설팅 회사를 설립하고, 애플리케이션 '하루명상'을 개발하고, 이렇게 명상을 주제로 책을 쓴 이유가 바로 여기에 있다. 명상에 대한 뿌리 깊은 오해와 편견을 걷어내고, 더 많은 사람이 쉽게 명상을 접하고 실천함으로써 각자의 일과 삶에서 한 단계 성장할 수 있도록 돕기 위해서이다. 이 책은 명상을 만나고 개인의 삶, 경력, 비즈니스에서 내가 무엇을 경험했고 어떤 변화를 겪어왔는지에 관한 이야기이다. 명상을 만나고 배우는 과정, 명상을 통해 경험하고 이룬 것들, 명상이 어떻게 삶을 변화시키는지, 세상을 바꾸어가는 리더와 기업들이 왜 명상을 하는지, 그리고 자신을 돌보고 사랑하는 일이 인생에서 얼마나 중요한 것인지에 관한 생각을 정리했다. 학문적인 글도 아니고 누구를 가르치려는 글은 더더욱 아니다. 단지 나의 경험을 공유하고 일부라도 이를 공감할 수 있길 바랄 뿐이다.

아직도 그날의 희열과 확신의 순간이 선명하게 떠오른다. 2012년 초 미산 스님이 지도했던 하트스마일명상 2박 3일 집중 수행의 첫날 밤 자정 무렵. 이전에 간화선 수행을 통해 체험한 견처를 거듭 발견했던 시간이다. 간화선과 하트스마일명상은 가는 길이 달랐지만 도착지는 같았다. 그날 이후 명상에 대한 의심과 모호함이 사라졌다. 세상을 바라보는 관점과 생각, 행동이 바뀌기 시작하고 삶이 더욱 명징해졌다. 내 삶으로 명상이 깊숙이 들어왔다. 명상을 만나 180도 달라진 나의 삶과 전문가로서의 경력이 독자들에게 현실감 있는 이야기로 전해지길 바란다.

거듭 말하지만, 명상은 생각보다 쉽게 실천할 수 있고 효과가 즉각적이다. 집이나 직장에서 외부로부터 어떤 자극이 올 때 감정적으로 반응하기보다 잠시 멈추어 바라볼 수 있다면, 그 순간 당신은 명상을 하고 있는 것이다. 마음을 열고 판단 없이 현실을 직시하는 것. 그게 바로 명상이다. 행복, 자애, 연민, 평온, 집중, 지혜, 창의, 용기. 일상에서 명상을 실천함으로써 계발되는 이러한 내면의 긍정적인 자질을 통해 더 건강하고 행복한 삶을 살아갈 수 있다. 나와 세상이 더 평화로워질 것이다. 이 길에 함께하는 모든 이들에게 감사한다.

고싱가의 숲에서
김병전

차례

명상이 내게로 오다

1장. 삶은 언제나 예측할 수 없는 내러티브

2장. 마음의 눈을 뜨면 세상이 달라진다

3장. 현재를 온전히 살아가는 연습

이제 당신이
명상을 해야 할 때

명상이 내게로 오다

1
장

**삶은 언제나
예측할 수 없는
내러티브**

고졸 은행원,
외국계 기업 리더가 되다

인생의 바른길을 제시하는 스승을 '멘토(mentor)'라고 한다. '컨설턴트(consultant)'도 일종의 바른길을 제시하는 사람이다. 고객의 의뢰를 받아 특정 문제 또는 분야에 관한 객관적이고 합리적인 해결책을 제공하거나 업무를 수행하는 전문가를 가리킨다. 곧 '컨설팅(consulting)'은 어떤 의미에서 '멘토링(mentoring)'이다. 대부분의 의뢰인이 회사를 경영하는 사장들이고, 이들에게 컨설턴트는 마치 멘토와 같이 적절한 해답을 주어야 하는 직업이기 때문이다. 컨설턴트는 고객이 원하면 어떤 식으로든 답을 내놓아야 한다. 생산성 향상을 위한 방안이든 합법적인 해고와 구조 조정을 위한 묘수이든 말이다. 지옥에 가서라도 솔루션(solution)을 구해와야만 경력을 유지할 수 있고 업계에서 명함을 내밀 수 있는 것이 컨설턴트라는 직업의 속성이다.

적어도 컨설턴트로서, 내 인생은 그럭저럭 성공했다고 말할 수 있다. 나는 국제경영전략 전공으로 박사 학위를 받은 뒤 본격적으로 기업 컨설팅에 뛰어들었다. HR(Human Resource). 우리말로 하면 기업의 인사·조직(人事·組織) 분야를 말한다. 인사 제도, 조직 문화, 리더 선발 및 평가, 인수 합병 후 조직 통합 등과 관련한 업무가 내 일이었다. 국민은행 경제경영연구소 책임연구원을 거쳐 아더앤더슨(Arthur Andersen) 컨설팅, 머서(Mercer) 컨설팅, 딜로이트(Deloitte) 컨설팅 등등 해외 유명 경영컨설팅 회사로 몇 차례 이직하면서 나의 포지션은 더 큰 역할과 책임이 있는 상위 리더로 바뀌어 갔다. 특히 딜로이트 컨설팅에서 나의 입지는 이른바 '지분 파트너(equity partner)'였다. 여러 사람의 동업으로 만들어진 사업체에서 지분 파트너는 회사의 실질적인 주인이나 다름없다. 많은 사람의 부러움을 한 몸에 사고 나 역시 스스로를 꽤 자랑스럽게 여기던 날들이었다. 그때 나는 앞으로도 내 인생이 계속해서 이렇게 탄탄대로일 거라는 막연한 기대감 속에 살았다. 하지만 인생은 계획한 대로 흘러가지 않는다. 또 다른 인생이 펼쳐지게 될 줄은 정말 꿈에도 몰랐다.

어린 시절 우리 집은 몹시 가난했다. 가족들의 생계를 도우려면 어떻게든 빨리 돈을 벌어야 했다. 인문계가 아닌 고향 근처의 상업고등학교에 진학한 이유다. 당시는 나라가 한창 개발·성장 시기였고, 요즘 같은 청년 취업난이 존재하지 않았던 시기다. 졸업하자마자 상업은행(현 우리은행의 전신)에 취직이 확정되었다. 하지만 꿈 많고 이상 높은 10대였던 나는 대학교에 들어가고 싶다는 꿈을 차마 버리지 못했다. 그런데 하늘이 도왔던지, 마침 1982년 그 유명한 이철희·장영자 어음 사기 사건이 터졌다. 시중 은행들은 막대한 양의 부실 어음들을 처리하느라 정신이 없었고, 예비 신입행원들까지 신경 쓸 여력이 없는 상태였다. 사정이 이러한 터라 나는 한동안 근무지를 배속받지 못한 채 계속해서 연수만 받아야 했다. 어쩔 도리 없이 공중에 붕 떠 있던 그 시간이 어쩌면 하늘이 준 기회였는지도 모르겠다. 연수 장소였던 서울 시내의 어느 유스 호스텔에서 나는 틈틈이 입시 공부를 했고, 마침내 한양대학교 경영학과 야간 과정에 합격했다.

하지만 원하던 대학생이 되었어도 '야간' 대학생이라는 신분이 괜히 부끄럽고 영 마뜩지가 않았다. 직장 생활을 하면서 늘 마음 한편으로는 한낮의 캠퍼스 생활을 꿈꿨다. 결국 얼마 안 가서 스스로 학교를 그만두었다. 당시 나는 상업은행 구로중앙지점에서 일하고 있었는데, 지금의 아내를 직장 동료로 만난 곳이기도 하다. 자퇴 후에 회사원이자 재수생 신분으로 학력고사를 다시 쳤다. 일을 관두고 학교를 다닐 수는 없는 상황이었기에 일터에서 가장 가까운 흑석동 중앙대학교 영문과에 입학했다. 하지만 직장 생활을 하면서 대학교에 다닌다는 것은 여간 힘든 일이 아니었다. 학점은 늘 바닥이었다. 그나마 중간고사와 기말고사를 볼 때마다 대학 동기들이 많은 도움을 주었는데, 시험 직전 학교의 빈 강의실에서 친구들이 과외를 해준 기억이 아직도 생생하다. 결석하는 날이 잦았기에 친구들의 도움이 없었다면 시험을 제대로 치르지 못했을 것이고, 아마도 졸업장을 따기가 힘들었을 것이다. 지금 생각해도 참 감사한 일이다. 비록 실력은 없었지만 대신 직장인이었던 나에게는 돈이 있었고, 그 돈으로 친구들에게 밥과 술을

샀다. 야간 과정이었지만 나처럼 낮에 직장을 다니는 학생은 많이 없었기에 가능했던 일이었다. 그렇게 비에 젖은 낙엽처럼 학교에 달라붙다시피 하면서 4년 내내 버둥거리며 기어이 졸업장을 따냈다. 그리고 또 다른 갈림길과 마주쳤다.

은행에서 꾸준히 몇 년간 일하다 보니 대리 진급 시험의 기회가 찾아왔다. 시험에 합격하면 대다수의 은행원은 장기근속을 하게 된다. 그야말로 은행에 뼈를 묻는 것이다. 그러나 나에게 승진은 혜택이라기보다 구속이었다. 비록 은행이 안정적인 직장이긴 했지만, 나는 평생을 은행원으로 살아갈 자신이 없었다. 돌이켜보면 특별히 다른 무엇을 하고 싶었다기보다 은행원의 삶에 만족하지 못했던 것 같다. 오랜 고민 끝에 용기를 내 퇴사했다. 대신 대학원에 진학해 국제경영학을 전공했다. 30대 초반의 가장이 멀쩡한 직장을 때려치운다고 하자 처음에는 주변의 반대가 심했다. 부모님과 아내, 처가를 포함해 나를 아는 거의 모든 사람이 나를 말렸다. 하지만 마지막 순간에 내 뜻을 이해하고 지지해준 아내 덕에 힘을 낼 수 있었다.

직장을 그만두고 학교에 다니는 동안 주변에서 들려오는 핀잔과 한숨을 감당하는 일은 대수롭지 않았다. 무엇보다 중요한 것은 정말 하고자 하는 일을 찾는 것이었다. 석사 과정을 마친 뒤에, 무엇을 할지는 모르겠지만 무언가 설레고 즐거운 일을 하고 싶다는 열망이 가슴 속에 가득했다. 그런 바람과 함께, 가장으로서 돈벌이를 팽개치고 공부를 하고 있는 상황이 절실함을 더욱 키웠다. 당시 학업에 대한 몰입도가 상당했던 나는 지도 교수님 방에서 조교 생활을 하면서 삼성전자 등 여러 기업의 컨설팅 업무에 직간접적으로 참여했다. 그때 컨설턴트로서 나의 재능을 조금씩 발견하기 시작했다. 문제를 해결하고 새로운 것을 추구하는 데서 커다란 재미와 희열을 느꼈고, 경영컨설팅으로 성공할 수 있을 거라는 확신도 커졌다.

1993년 김영삼 문민정부가 출범하면서 드높인 기치가 바로 '세계화'다. 국가 경제의 세계화가 이뤄지면 우리나라도 선진국이 될 수 있다는 희망을 국민들에게 심어주었다. 세계화란 외국 기업들에게 나라의 문을 열어주는 것이었다. 신자유주의 체제에 따라 자본 시장이 외국에 개방되었고 국내 기업들의 해외 진출도 활발해졌다. 이때부터 '글로벌(global)'이란 단어가 유행어처럼 번지기 시작했다. 일본의 자동차·전자 대기업들이 세계 최고를 달리던 시기에, 어떻게 하면 우리나라 기업들도 일본과 어깨를 나란히 할 수 있을까 골몰하던 때였다. 그만큼 글로벌 성공 전략을 제시하는 경영컨설팅의 인기도 나날이 치솟았다. 현실은 백수였지만, 컨설팅으로 성공하고야 말겠다는 나의 야심도 하늘을 찔렀다. 아니, 하늘을 찔러야 했다. 직장까지 그만둔 마당에 그야말로 목숨을 걸고 석사 학위 논문을 썼다.

그러나 장래가 유망한 직종이었던 만큼 컨설턴트의 진입 장벽은 무척이나 높았다. 미국 상위 10개 대학의 MBA 과정을 마쳤거나 최소 SKY 대학 출신 정도는 되어야 했다. 고졸의 전직 은행원이었던 나에게는 그야말로 언감생심이었다. 석사 과정을 마치고 맥킨지, BCG, 모니터컴퍼니, 아더앤더슨 등 유명 전략컨설팅 회사에 이력서를 냈지만 서류 전형에서 모두 불합격 통보를 받았다. 과연 내가 해낼 수 있을까, 자꾸만 위축되던 와중에 운이 좋게도 하늘이 나를 한 번 더 도와주었다. 은행원으로 일한 경력, 그리고 성실성과 과감성을 눈여겨본 국민은행 경제연구소가 나를 채용해주었다. 나는 새로 얻은 직장에서 중소기업 컨설팅 업무를 맡았다. 다양한 중소기업 업종에 대한 연구와 컨설팅, 그리고 모회사였던 국민은행에 대한 컨설팅 경험도 쌓게 되었다. 한창 즐겁게 연구소 생활을 하던 중, 당시 상사의 조언에 따라 박사 학위를 취득했다. 막 석사 과정을 마치고 컨설팅 회사에 입사하려고 할 때는 문턱이 상당히 높았지만, 연구소에서의 실무 경험과 박사 학위를 갖춘 덕에 그다음 행보는 이전보다 한결 수월했다. 짧지 않은 은행원 생활과 중소기업 및 시중 은행에 대한 컨설팅 경험을 높이 산 외국계 컨설팅 회사 아더앤더슨이 나를 불러주었다. 이후로는 말 그대로 꽃길만을 걸으며 외국계 컨설팅 회사의 리더 자리까지 올랐다. 일취월장하고 승승장구하던 감격의 시대다. 만약 내가 은행원의 삶에 만족해 진급 시험을 치르고 그 자리에 머물렀다면 어땠을까? 1997년 IMF 외환 위기로 상업은행은 현재 사라지고 없다.

인생의 탄탄대로가
무너지던 날

누구에게나 인생에 세 번의 기회가 있다고 한다. 달리 말하면, 누구나 살면서 세 번의 커다란 시련을 겪게 마련이라는 것이다. 평범한 고졸 은행원에서 컨설팅 회사 리더까지 오른 것, 이것을 내 인생의 첫 번째 기회라고 말할 수 있을지 모른다. 하지만 경영컨설턴트로서 남부럽지 않은 수입과 명성을 구가하던 내게도 의미심장하고 묵직한 계기가 찾아왔다. 오랫동안 같이 일해온 어느 금융회사 임원의 질문이 내 삶을 180도 뒤바꿔버렸다.

"과거에는 직원들에게 동기를 부여하고 생산성을 높이기 위해 급여를 더 주거나 승진을 시켜주면 되었다. 그러나 지금과 같은 고연령 고임금 인적 구조에서는 임금을 인상하거나 직책을 올려주는 데 한계가 있다. 전체 인원수를 늘릴 수도 없다. 이런 상황에서 직원들이 자발적으로 몰입하고 열심히 일할 수 있는 방법을 내놔 봐. 추가적인 비용을 들이지 않더라도 창의적이고 혁신적인 상품 개발과 서비스 제공이 가능하도록 조직 문화를 개선할 수 있는 대안을 가져와 봐."

그동안 컨설팅을 업으로 삼아 일하면서 도저히 답이 없을 것 같은 과제를 많이 수행해봤다. 제갈량이 혀를 내두를 만큼 기발한 전략도 수없이 짜냈다고 자부한다. 업계에서 20년, 잔뼈가 굵고 스스로 고

수라고 자임하던 나에게 그 임원의 농담 같은 질문은 그야말로 까마득한 절벽처럼 다가왔다. 기업이 추가로 인건비를 지출하지 않아도 직원들이 즐겁게 일할 수 있는 방법을 찾아내라는 요구는, 흡사 사람이 밥을 먹지 않아도 건강할 수 있는 방법을 대라는 격이었다. 당혹감은 얼마 안 가 무기력감으로 바뀌었다. 컨설턴트로서 더 이상 고객에게 만족할 만한 답을 줄 수 없다는 자책감에 며칠 동안 밤잠을 이루지 못할 정도였다. 끝내 답을 얻어내지 못했고, 스스로에 대한 실망이 컸다. 이것이 컨설턴트로서 나의 이력을 끝내는 결정적인 계기가 되었다.

물론 2008년 뉴욕발(發) 세계 금융 위기로 인해 당시 업계 사정이 전반적으로 나빠지기는 했었다. 원래 컨설팅 업종이 경기(景氣)를 유난히 잘 타서 채용과 감원이 일상화되어 있기도 하다. 하지만 그런 사정보다 컨설팅이 과연 내 인생을 걸 만한 일인지에 대한 깊은 회의감이 들었다. 자신감도 많이 잃었다. 마침내 나는 지분 파트너로 있던 딜로이트 컨설팅에 과감히 사표를 던졌다. 맨땅에서 출발해 40명 이상의 시장 최고 수준의 컨설턴트들을 영입할 만큼 스스로의 열정과 노력으로 성장시킨 사업이었기에 아쉬움이 컸지만 후회하지 않았다. 행복에 대한 확신이 들지 않는 인생에 억지로 매달려 삶을 허비하면서 스스로를 괴롭히고 싶지 않았기 때문이다. 물론 겁이 나지 않았다면 거짓말이다. 탄탄대로는커녕 갑자기 불빛 하나 없이 어두워진 앞길이 눈앞에 펼쳐지자 두렵고 막막했다. 그때 명상과 불교가 내게 다가왔다.

다른 세상을
마주하다

자존감이 무너지니 삶 전체가 흔들렸다. 보람과 긍지의 원천이었던 컨설턴트로서의 존재 이유를 상실하면서 상당 기간 방황하고 낙담했다. 스스로가 너무나도 초라해 보이던 때, 다시금 삶의 갈피를 잡을 수 있었던 그날을 또렷이 기억한다. 2010년 1월 18일부터 25일까지, 현대 간화선의 대중화에 큰 기여를 한 부산 안국선원장 수불 스님의 지도 아래 7박 8일 동안 진행된 간화선 수행 프로그램이 나를 통째로 바꿔놓았다.

프로그램이 열린 장소는 서울 상도동에 위치한 도심 수행 도량 상도선원이었다. 계속 회사에 다녔더라면 7박 8일은커녕 단 몇 시간조차 나를 위해 할애할 엄두를 못 냈을 것이다. 마침 2010년 새해가 시작되자마자 퇴직을 했던 터여서 시간적 여유가 있었다. 무엇보다 휴식이 절실히 필요했다. '그동안 바쁘게 살아왔으니까, 이제 좀 여유를 가지고 일주일 동안 여행 갔다 오는 셈 치고 가보자' 하는 가벼운 마음으로 프로그램에 참여했다. 평범한 템플스테이겠거니 생각했다.

하지만 본 프로그램이 시작되기 전 오리엔테이션에서부터 '일주일 동안 휴가 가는 셈 치자'라는 생각은 철저히 오산이었음을 깨달았다. 애당초 기대하던 분위기와는 완전히 달랐다. 깨달음에 대한 참가자들의 마음은 크고도 간절했다. 나중에야 알았지만, 간화선은 화두를 열심히 참구(參究, 참선 등의 수행정진을 통해 진리를 구하는 일)하다가 비로소 그것을 타파해 깨달음에 이르는 한국불교의 정통 수행법이다. 워낙 고난도의 수행이어서 스님들도 어려워할 만큼 심오하고 어려운 수행법이라는데, 그 말을 들으니 처음엔 조금 주저됐다. 실제로 대부분의 참가자들에게서 깨달음에 목숨을 걸겠다는 결연한 의지가 한눈에 보였다. 그들의 절절한 구도심(求道心)이 내 마음마저 물들여 사뭇 진지하게 만들었다. 그저 휴양이나 여가선용의 심정으로 왔던 나는 이내 생각을 바꾸었다. 이왕 시간을 내었으니 알차게 보내다 가야겠다고 각오를 다졌다.

매일 아침 한 시간씩 수불 스님이 법문을 했다. 법문이 끝나면 참가자들은 자원봉사자의 도움을 받아 수불 스님이 준 화두를 가지고 수행을 했다. 8일 동안 숙식하면서 이어진 프로그램에서는 말을 하지 않는 묵언(黙言)이 규칙이었다. 입을 꾹 다문 채로 매일 아침부터 저녁까지 나름대로 열심히 수행했다. 밤에 잠을 자지 않고 정진하는 것이 더 좋다고 하여 첫날부터 뜬눈으로 밤을 지새웠다. 첫날 법문 시간에 수불 스님은 참가자들에게 손가락을 튕겨 보이며 이렇게 말했다. "무엇이 이렇게 하게 합니까? 이렇게 손가락을 움직이는 것은 내가 하는 것도, 마음이 하는 것도 아닙니다. 그렇다고 하지 않는 것도 아니에요. 과연 무엇이 이렇게 하게 할까요? 머리로 답을 구하지 말고 오직 온몸으로 답을 찾아야 합니다." 이후로도 스님은 법문 시간마다 머리로는 도저히 이해할 수 없는 난해한 문제를 던져주고 온몸으로 그 답을 찾으라고 주문했다. '이 뭣고' 화두였다. 그렇게 8일 동안 참가자들이 이 문제를 타파할 때까지 친절하고 구체적으로 안내해주었다. 지금 생각해 보면 그것은 공부하는 사람에 대한 큰 자비심이었다.

"화두란 우리가 본래 가지고 있는 성품을 직접 가르킨 말이다. 화두는 그 본질이 의심(疑心)인 바, 이 의심의 힘으로 학인(學人)을 율극봉(栗棘蓬)이나 금강권(金剛圈) 속으로 몰아넣는 것이다. 분별망상이 이 정신적인 감옥(금강권)에 갇히게 되면, 답답하고 숨이 막혀와서 마치 밤송이를 삼킨 것처럼(율극봉) 뱉지도 삼키지도 못할 것이며, 앞뒤가 꽉 막혀서 언어의 길이 끊어지고 마음이 갈 곳이 없어지게 된다. 만일 도무지 어찌해볼 수 없는 벽에 막혀 갑갑해지지 않는다면, 이것은 조작된 의심인 사구(死句)를 들고 있는 것으로 깨달음과는 요원하다. 진정으로 활구(活句)의심만 들리면 3일에서 7일이면 깨친다."

"화두의심 속은 어둡기도 하지만 또한 경계가 엄청나게 일어난다. 거기서 가장 힘든 것은 두려움이다. 시커먼 것이 덮쳐오면 몰칵 겁이 나서, 이러다가 목숨을 잃어버리는 게 아닌가 하는 생각이 엄습해온다. 그러면 자기도 모르게 질려서 물러서다가 화두를 놓쳐버린다. 한 번 놓치면 다시 들기 어렵고, 설사 다시 들었다 하더라도 그 경계가 닥치면 또 물러나고 만다. 이 공부를 이루려면 그런 경계 속에서도 버티고 참아내야 한다. 겁도 나고, 의혹도 일어나며, 분별심도 창궐하는 등 별별 업식의 그림자가 다 일어나기 때문에 선지식이 옆에서 격려해주고 도와주어야 한다. 앞뒤가 꽉 막힌 '문 없는 문'을 뚫으려면 혼자서는 도저히 해결할 가망이 없다. 학인을 인도해줄 수 있는 근거를 가진 눈 밝은 선지식을 만나서, 그 가르침에 따라 공부하지 않으면 안 된다."

"공부할 때는 큰 가마솥에 물을 넣고 100°가 될 때까지 장작불에 풀무질을 계속해야 한다. 물의 온도가 50°, 60°, 70°로 올라가고, 그러다 보면 풀무질하는 데 힘이 든다. 90°에서 100°로 올릴 때 말도 못하게 힘이 든다. 그때 타협하거나 물러서지 말고 최선을 다해야 한다. 90°가 지나면 비등(沸騰)이 되어서 물이 튀기도 하고 막 끓는 모습이 제법 100° 같아 보인다. 하지만 이것을 두고 100°를 넘었다고 오해하면 안 된다. 완전히 100°가 되어 끓어 넘치게 되면, 언제 끓었나 할 정도로 물의 비등이 가라앉게 된다. 끓는 모습이 없어지고 고요해져서, 이게 100°인지 아닌지 모를 정도가 된다. 그렇게 비등점을 넘지 않으면 자기 얼굴을 비출 수가 없다. 마침내 비등점을 넘어 물이 거울같이 평평해졌을 때, 자기 얼굴을 비출 수 있는 시절인연

(時節因緣)이 다가온다. 아주 명징해지는 것이다. 그런데 다들 끓어 넘치게 수행하려고 하지만 70°나 80°쯤 가서 힘이 드니까 좀 쉬었다 하자 하고 주춤하게 된다. 그러다 신심(信心)이 나면 다시 애쓰고, 이렇게 왔다 갔다 하다가 좋은 세월 다 보내게 되는 것이다. 사람들은 쉽고 편하게 빨리할 수 있는 공부를 하고 싶어 하지, 힘든 화두 참구는 잘 하려고 하지 않는다.”

“화두가 타파되면, 마치 소나기가 내린 뒤 먹구름이 걷히고 푸른 하늘이 몽땅 드러나듯 확연한 것이 시원하고 통쾌하다. 마치 꿈속에서 깨어난 듯 분명해진다. 그동안 알 수 없었던 공부상의 인연들이 드러나면서 고개를 끄덕일 것이다. 온몸과 마음이 새의 깃털보다 가볍고, 앞뒤가 탁 끊어져 툭 터진 것이 무애하니 끝 간 데가 없이 시원하다. 평생 짊어지고 다니던 짐을 일거에 내려놓아 홀가분해진다. ‘이거로구나! 이것을 맛보게 하려고 그렇게 사람을 고생시켰구나!’ 하고 스스로 납득한다.”

화두 수행에 관한 수불 스님의 가르침[《간화선 수행, 어떻게 할 것인가》, 수불 지음(김영사, 2019) / 2015년 2월 6일 자 〈현대불교〉 신문 인터뷰 참조)]이다. 말하자면 나는 의도치 않게 수불 스님이라는 선지식을 만나, 자신의 본성을 깨달아 인생을 완전히 뒤바꾸는 화두 수행에 뛰어들었던 셈이다.

그렇게 사흘 동안 섭씨 100도라는 비등점에 다다르기 위해 스스로에게 묻고 또 물었다. 중간중간 포기와 혼돈이라는 장벽을 만나면서도 멈추지 않았다. 인생에서 그때만큼 몸부림을 쳐본 적이 없다.

4일째부터 수불 스님은 수행을 주제로 질의응답을 받았다. 그날 일정을 마치고 나서 수불 스님과 면담을 할 수 있었다. 지금까지의 수행을 점검받는 시간이었다. 스님은 점검을 할 때 구구절절한 설명을 원하지 않았다. 직접 경험한 내용의 핵심만 간추려서 이야기하라고 했다. 스님은 참가자의 '증언'을 짤막하게 듣고는 단박에 가부(可否)를 결정했다. 통과하지 못한 사람에겐 더 정진하라고 따뜻이 격려해주었다. 반면 통과한 사람에겐 오히려 불친절했다. 아무 말도 없이 곧장 다음 사람의 이야기를 들었다. 나의 체험담을 조용히 듣고 난 수불 스님은 잠깐 고개를 끄덕이고는 바로 다음 사람의 이야기를 들었다.

'시험을 통과했구나, 합격이구나'라는 뿌듯함이 밀려왔다. 그러나 장시간에 걸쳐 몸과 마음의 대혼란과 사투 끝에 비로소 성취를 이뤘기 때문인지, 갑자기 온몸에서 힘이 빠졌다. 나흘 동안 잠도 안 자고 제대로 씻지도 못한 상태였다. 집에 가서 샤워를 하고 잠깐 눈이라도 붙일 요량으로 선원을 나왔다. 택시를 타려고 길을 내려가는데 여태껏 한 번도 겪어보지 못한 기이한 경험을 했다. 전에는 무심코 지나쳤던 돌담 사이에 핀 잡풀이 너무나도 아름답고 황홀하게 느껴졌다. 일상에서 늘 접하던 햇살과 바람과 나무가 이전과는 전혀 색다르게 다가왔다. 매우 따뜻하고, 마치 모든 것이 연결되어 있는 느낌이었다. 집에 돌아와서는 더 놀랐다. 대충 씻은 뒤 잠시 눈을 붙이고 일어나 무심코 서재에 가서 책장을 들췄다. 그런데 책 속의 내용이 머리가 아니라 몸으로 이해되는 것 같은 오묘한 체험을 했다. 단순히 글귀의 표면적 의미만이 아니라 글을 쓴 필자의 속내와 배경까지, 흡사 그에게서 직접 얘기를 들은 것처럼 선명하게 파악되었다. 너무 경이로워 겁이 날 정도였다. 그래서 나의 경험을 함부로 타인들에게 털어놓기가 망설여졌다. 집에서 잠깐 휴식을 취한 나는 다시 선원으로 돌아가 이전처럼 묵묵히 나머지 일정을 소화했다.

이후로도 감당하기 어려운 현상들이 나타났다. 조금만 집중하거나 화두를 들면 온몸에 기가 돌아서 견디기 힘들었다. 대화를 나눌 때도 과거와는 달리 상대방의 생각이나 의도가 선명하게 보이는 경우가 많았다. '이것이 바로 견성(見性)이란 것이고 큰 깨달음인 것인가' 하는 생각이 들었다. 물론 단점도 있었다. 예전과는 다르게 보이는 것들을 가끔 상대방에게 이야기할 때가 있었는데, 숙성되지 않은 소통법으로 인해 의도와는 다르게 상대방을 불편하게 만드는 경우가 있었다. 다만 마음속에 분명하게 자리 잡은 화두가 있었다. 나라는 몸과 마음, 그리고 세상을 바라보는 관점의 변화였다. 무의식 깊숙한 곳에서 무언가 변화가 생겼다는 점만은 확실하게 느낄 수 있었다. '앞으로는 이전과 전혀 다른 삶을 살겠구나.'

친애하는
나의 스승, 아들

상도선원 간화선 프로그램을 통해 새로운 세상을 경험했으나 이후에는 좀처럼 화두를 들지 않았다. 그러던 차에 상도선원장 미산 스님이 안부와 함께 간화선 체험 후에 어떻게 지내고 있는지 물어왔다. 사실 수불 스님을 만나기 전 미산 스님을 먼저 알았고, 간화선 프로그램 3일 차 아침 화두에 걸려 옴짝달싹 못하던 나에게 '화두 놓지 마세요'라며 끝까지 갈 수 있도록 도움을 주기도 했던 스님이었기에 체험 후 내가 어떤 삶을 살아가고 있는지 퍽 궁금했을 것이다.

특별히 명상은 하지 않고 그냥저냥 힘들게 보내고 있다고 대답하자, 스님은 간화선 이후 내가 길을 잃고 헤매고 있는 것 같다며 생활 속에서 수행을 지속해야 한다고 따끔하게 일러주었다. 그러면서 당신이 개발하고 있는 자애미소명상에 참여해볼 것을 권유했다. 스님에게 자애미소명상에 대한 설명을 듣고 보니 일순 솔깃해졌다. 그간의 게으름을 스스로 꾸짖어보고 싶기도 해서 자애미소명상 프로그램에 참여했다. 2박 3일 동안 절에서 숙식하는 명상 프로그램이었다. 저녁 일정이 끝나면 잠을 잘 수 있었지만 나는 법당에 남아 홀로 밤새도록 명상에 몰두했다.

자애미소명상은 얼굴의 미소를 매개로 한 수행법으로, 간화선만큼 고되거나 엄격하지 않고 편안하고 친절한 맛이 있었다. 자정이 넘어 이른 새벽에 혼자 수행하다가 간화선할 때 느꼈던 그 견처를 거듭 발견할 수 있었다. 간화선과 자애미소명상은 가는 길이 달랐지만 도착지는 같았다. 자애미소명상의 바탕인 '온전함에 깨어 있음'과 간화선의 견처인 '불이중도(不二中道)'의 마음이 다르지 않았던 것이다. 그곳은 이분법적인 의식을 내려놓고 분별하지 않는 자리, 즉 차별 없이 깨어 있는 자리이다. 세상 모든 존재와 따스하게 연결되어 있으면서 두려움 없이 희열이 지속되는 자리이다. 자애미소명상 체험 이후 명상에 대한 자신감과 확신이 생기면서 수행에 전념할 수 있는 계기를 마련했다. 실제로 이날을 계기로 명상에 대한 의심이 사라졌다. 나중에야 안 사실이지만, 화두 공부는 화두 타파 이후가 더 중요했다. 다행히도 미산 스님의 지도로 공부가 더 깊어질 수 있는 행운을 얻었다. 돌아보면 새로운 세상을 열어준 수불 스님과 미산 스님 모두 내게는 참으로 고마운 분들이다.

그렇지만 뭐니 뭐니 해도 내 인생에서 가장 위대한 스승을 꼽으라면 바로 아들 녀석이 아닐까 싶다. 2010년 내가 명상에 처음으로 눈을 뜬 해에 아들이 초등학교에 입학했다. 첫 번째 학부모 면담에는 아내가 참석했다. 선생님은 대뜸 우리 아들이 너무 산만하고 집중을 못 해 도저히 수업을 진행하지 못하겠다고 하소연을 했단다. 걱정이

된 아내는 회사에 연차까지 내고 학교를 찾아가 아들의 행동을 몰래 지켜봤다. 정말 두 눈 뜨고 지켜볼 수 없을 정도였다. 학교는 물론이고 학원에서도 불평이 많았다. 아들은 어디를 가든 분위기를 흐려놓는 말썽꾸러기였다. 축구든 검도든 종목을 가리지 않았다. 특히 학원에 다니는 아이들은 성적에 대단히 민감했기에 아들이 아예 학원에 나타나지 않았으면 하고 바라는 눈치였다.

당시 아내는 은행에 다니고 있었다. 아들은 초등학교 입학 전까지 외할머니의 보살핌을 받았다. 그런데 이대로 계속 내버려 두다간 아이의 인생을 망칠 것만 같아서 아내는 다니던 직장을 그만두고 양육에 전념하겠다는 중대한 결정을 내렸다. 맞벌이 부모 밑에서 자란 아들이라 문제가 더 심각해졌다는 생각 때문이었다. 물론 온종일 엄마가 곁에 있다고 해서 아들의 산만함이 곧장 해결되리라고는 생각지 않았다. 실제로 아내가 직장을 관두고 아들과 함께 있는 시간이 늘어났어도 상황은 크게 달라지지 않았다. 오히려 24시간 아들 꽁무니를 쫓아다니며 수발을 들고 어르고 달래느라 아내만 녹초가 되었다. 그즈음 나는 컨설팅 리더로서 프로젝트를 수주하고, 고객 관리와 컨설턴트 채용 등의 업무로 눈코 뜰 새 없이 바쁜 나날을 보내고 있었다. 일이 많아서 매일 밤늦게 퇴근하기 일쑤였고, 주말에도 출근해서 일하느라 아들과 같이 시간을 보내기가 어려웠다. 아내에게는 미안했지만 어쩔 도리가 없었다. 아내는 가까운 교외라도 데리고 나가

놀면 좀 나아질까 싶어서 매일 밤 인터넷에서 주말에 아들과 함께 가볼 만한 장소를 검색하곤 했다. 그러다 우연히 상도동에 미술관처럼 예쁘게 지어진 도심 사찰이 있다는 걸 알게 됐는데, 바로 상도선원이었다.

상도선원에서는 매주 일요법회를 열었다. 지하에 성인들을 위한 법당이 있고 2층에는 어린이 법당이 있었다. 아내는 아들을 어린이 법회에 참석시키고 법회가 끝나자 손을 잡고 집으로 돌아왔다. 크게 기대는 없었다. 하지만 웬걸, 어디서든 시큰둥해하던 아들이 다음 주말이 되자 '왜 오늘은 상도선원에 안 가느냐'라고 조르는 것이었다. 눈물이 핑 돌 정도로 감개무량했다. 부모로서 아들에게 무언가 해보고 싶은 게 생겼다는 사실만으로도 가슴이 벅차올랐다. 때때로 고비가 있었지만, 아들은 초등학교 졸업 때까지 즐겁게 상도선원 어린이 법회에 다녔고 졸업 선물로 작은 목탁을 선물 받았다.

지금 와 돌이켜 생각해보면, 아들은 종교로서 불교를 선택했다기보다 어떤 안식처를 얻었던 것 같다. 그동안 어디를 가든 늘 꾸지람이나 질책을 받고 천덕꾸러기 취급을 당하니 두렵기만 하고 정을 붙이지 못했었는데, 어린이 법회에서는 누구도 자기를 혼내거나 피하지 않았다. 오히려 모든 사람이 자기를 반갑게 맞아 주고 함께 어울려 놀아주었다. 게다가 맛있는 음식도 있었다. 그런 어린이 법당이 아들에게는 세상에 둘도 없이 편안하고 즐거운 장소였을 것이다.

매번 아들 손을 잡고 절을 찾았던 아내 역시 자연스럽게 상도선원에 다니게 되었다. 변화된 아들의 모습에 감사하며 자원봉사자로 일하기까지 했다. 덩달아 나도 일요법회에 참석하게 되었고, 그렇게 상도선원과 미산 스님과 인연을 맺게 되었다. 자애미소명상이든 간화선 집중 수행이든, 결과적으로 아들 덕분에 이어지게 된 선연(善緣)인 셈이다. 처음에는 단순히 보호자로 절에 왔다가 나도 모르게 명상의 바다에 빠져들었다. 아내 역시 내가 참여했던 모든 프로그램에 함께했다. 인생은 미묘하다. 그토록 우리를 힘들게 하던 아들이 없었더라면, 내 삶에는 상도선원도 수행도 명상 전문가로서 제2의 인생도 없었을 것이다.

풍요와 행복으로 가는
하트스마일명상

아들 덕에 만난 상도선원장 미산 스님이 없었더라면 지금의 나도 없었을 것이다. 나에게 스님은 인생의 스승인 동시에 수행의 길을 지혜롭게 안내해주는 눈 밝은 선지식이다. 세계적인 명문 영국의 옥스퍼드대학교에서 동양학부 철학박사 학위를 마친 미산 스님은 현재 국내 최고의 과학 인재들이 모인 KAIST의 명상과학연구소 소장으로서 '인류의 행복과 번영을 위한 명상과 과학의 융복합 연구'라는 미션을 가지고 국제적인 연구를 진행하고 있다.

'하트스마일명상(Heart-Smile Training, HST)'은 미산 스님이 직접 개발한 명상 프로그램으로 전통적인 자비 명상 행법(行法)에 기반을 두고 있다. 현대의 정신의학, 심리학, 뇌과학 등의 연구 결과를 통합해 개발한 이 프로그램은 2011년 자애미소명상으로 소개되었다가 이후 국제화를 위해 2015년 하트스마일명상으로 이름을 바꿨다. 하트스마일명상은 몸과 마음에 내재되어 있는 온전함이 드러나도록 하는 현대적 명상 기법으로 자비와 사랑이 절실히 요구되는 이 시대에 공감, 공유, 공존 역량을 온전히 발현시키기 위한 목적으로 종교를 넘어 과학적 근거에 기반해 만들어졌다. 현재 명상 지도자, 임상심리학자, 뇌과학 및 신경과학자들의 다학제간 과학적 연구를 통해 그 효과가 검증되고 있다.

간화선이 나에게 본성에 대한 큰 깨달음을 던져준 경험이었다면, 하트스마일명상은 간화선 경험을 재확인시켜주고 명상을 지속할 힘이 되어주었다. 하트스마일명상을 통해 일상에서 명상을 적용하고 실천할 수 있었기 때문이다. 처음 프로그램이 만들어진 이후 지금까지 하트스마일명상연구회 연구원으로 참여해왔기 때문에 명상을 몸과 마음에 체화할 수 있었다.

하트스마일명상은 온전함에 깨어 있음을 통해서 진정한 현존에 이르게 하는 행복 명상의 네 가지 덕목(자비-따스하고 훈훈하게, 지혜-맑고 향기롭게, 몰입-편안하고 고요하게, 감사-풍요롭고 행복하게) 중에서 따스하고 훈훈한 자비의 계발을 시작으로 행복한 삶을 살아가도록 돕는 과학 기반의 명상 프로그램으로, 하나의 본 명상과 다양한 보조 명상으로 이루어져 있다.

본 명상은 몸과 마음을 지금 있는 그대로 받아들여 온전함에 깨어 있음으로써 내면의 무한한 지혜와 자비가 발현되도록 하는 행법이다. 온전함이란, 판단 없이(non-judgement) 위대한 본성을 지금 있는 그대로 알아차려 현존하는 것이다. 간화선에서는 이러한 의식의 상태를 불이중도라고 표현한다. 방법은 간단하다. 부드러운 미소를 지어 가슴 중심에 따스하고 훈훈한 자애와 사랑의 느낌이 충만해지도록 한다. 이와 관련해 내가 개인적으로 좋아하고 일상에서 실천하고 있는 명상법은 3S이다. 멈추고(Stop), 미소 짓고(Smile), 바라보는(See) 것이다. 미소는 힘든 상황에서도 곧장 우리를 긍정적이고 부드럽게 만들어주기 때문에 아주 유용한 명상 도구이다.

보조 명상은 크게 다섯 가지 행법으로 구성된다. 첫 번째는 '하트 스마일 무브먼트'. 양손으로 하트 모양을 만들고 미소를 지으며 절하는 명상법이다. 몸(body)-마음(mind)-가슴(heart)을 연결해 알아차리며 자비의 느낌이 퍼지도록 하는 동적인 명상으로 몸의 움직임을 통해 몸과 마음에 따스함과 훈훈함 그리고 감사함을 일깨워준다. 이 명상을 할 때 중요한 점은 미소를 잃지 않는 것이다. 지속해서 하다 보면 몸의 긴장이 이완되고 마음이 따뜻해지면서 알아차림과 깨어 있음의 마음 근육이 점차 커지게 된다.

두 번째는 '감사-사랑, 줄여서 감사랑 무브먼트'다. '하트스마일 무브먼트'와 짝을 이루는 동적 명상이다. 감사하는 마음과 사랑의 마음을 몸으로 표현하면서 모든 감정과 스트레스를 흘려보내는(letting go) 움직임 명상으로 절을 하지 못하는 서양 사람들을 위해 개발된 방법이다. 시간과 장소에 상관없이 누구나 쉽게 할 수 있고 효과가 즉각적이다. 단순한 동작이지만 몸과 마음을 비우고 이완시켜주기 때문에 잠자리에 들기 전에 하면 특히 좋다.

세 번째는 '감사·수용 명상'이다. 마음이 완전히 풀어지면 마음의 짐도 녹아내린다. 더 이상 타인과 나를 비교하지 않고 미래를 걱정하지 않기 때문에 자신의 모습을 있는 그대로 받아들이고 감사할 수 있게 된다.

네 번째는 하트스마일명상만의 독창적인 방법 중 하나인 '따스온기'이다. '따스한 기운이 온몸에 스미는 것'의 준말이다. 피부 심층에 근육을 둘러싸고 있는 얇고 투명한 막, 즉 근막에 따스하고 훈훈한 기운을 스미게 하는 방법이다. 이를 통해 신체 내부의 감각을 알아차리는 내수용 감각을 키울 수 있다.

마지막 다섯 번째 보조 명상은 소리 명상이다. 소리의 공명을 통해 가슴의 따스하고 훈훈한 느낌을 일깨우는 명상으로 주로 본 명상과 연결해 실행한다. 소리는 훈민정음의 기본 모음(·, ㅡ, ㅣ 등)을 활용한다. 소리를 길게 내뱉으면서 마음을 하나로 모으면 주의력을 강화시키는 데 탁월한 효과가 있다. 이런저런 생각과 감정, 곧 오감(五感)의 정보가 일시적으로 모두 사라진 순간을 마주함으로써 무심(無心)과 무념(無念)의 상태에 이를 수 있다. 소리가 사라진 텅 빔 속에서 자애미소의 충만함을 느끼도록 하여 내면의 지혜와 자비가 발현되도록 한다.

이상 다섯 가지 보조 명상은 본 명상으로 들어가는 데 도우미 역할을 하지만, 각각의 방법들이 독립적으로 완결성이 있어 그 자체로 훌륭한 명상법이다. 개인별 특성에 따라 취사선택할 수 있다는 점 또한 다섯 가지 보조 명상의 장점이다. 이 외에도 차 명상, 감사랑 걷기 명상, 가위바위보 근육이완 명상 등 일상에서 쉽게 실천할 수 있는 다양한 명상 프로그램이 개발돼 있다.

하트스마일명상은 평소 불필요한 잡념이 많은 사람, 대인관계로 고통을 겪는 사람에게 추천할 만하다. 하트스마일명상이 궁극적으로 추구하는 바는 자비심(慈悲心)의 충만이다. 불교에서는 인간의 여러 감정 가운데 '탐욕', '분노', '어리석음'을 삼독심(三毒心)이라 하여 크게 경계한다. 무언가를 무작정 가지려 하고, 가지지 못해 화내고, 결국 과잉된 탐욕과 분노의 굴레에서 이성을 잃고 스스로를 망치는 어리석음은 말 그대로 우리를 갉아먹는 독이다. 이 문제를 해결하는 데는 자비심만 한 게 없다. 일상적으로 가슴 속 깊이 자애심을 느끼고 이를 실천으로 옮길 때, 인간은 본래 지혜로 충만하고 자비로 무궁한 존재임을 자각하게 되기 때문이다. 이것이 불교에서 말하는 인간 해방이다.

자비무적(慈悲無敵)이라는 말이 있다. 자기 자신을 사랑하기 위해서 막대한 물질을 소유하거나 남과 싸워 이길 필요는 없다. 그저 사랑스러운 미소를 통해 자신의 온전성을 발현하기만 하면 된다. 그것이 진정한 자유와 행복으로 가는 지름길이다.

정서 지능을 높여주는
마음챙김 명상

간화선과 하트스마일명상을 통해 강
렬한 무언가를 느낀 나는 명상에 대한 확신과 호기심이 날로 커졌
다. 더욱 구체적이고 체계적으로 공부하고 싶었지만, 명상의 근본이
라 할 수 있는 불교에 대해 잘 모르는 나로서는 이론적으로나 교리적
으로 명상을 연구하기에 역부족이었다. 그럴 때쯤 MBSR(Mindfulness
Based Stress Reduction)을 알게 되었다.

'마음챙김에 근거한 스트레스 완화.' 미국 매사추세츠 의과대학
교의 존 카밧진(Jon Kabat-Zinn) 박사가 창안한 프로그램으로, 한국의
숭산 스님으로부터 선불교를 배운 후 남방불교 위빠사나(Vipassana)
수행의 마음챙김 개념과 요가, 바디 스캔(Body Scan) 등을 통합해 만든
현대적 명상 기법이다. 현재 명상의 대명사처럼 통용되는 '마음챙김
(Mindfulness)'이란 개념이 바로 이 MBSR로 인해 일반화되었다. 1979
년 존 카밧진 박사가 MBSR을 실용화한 뒤로 전 세계에서 관련 연구
가 이어져 왔으며, 이제는 다양한 분야에 적용되며 활발히 보급되는
추세이다.

MBSR이 세계에서 가장 유명한 과학 기반의 명상법이었기 때
문에 직접 경험해봐야겠다는 생각에 MBSR 지도자 과정을 수료했

다. 하지만 왠지 나에게는 너무 가볍고 얕은 수준처럼 느껴졌다. 이전에 경험한 간화선과 하트스마일명상이 워낙 강렬했던 까닭에 상대적으로 그렇게 느껴졌던 게 아니었나 싶다. 한편으로는 그간의 체험에 매몰되어서 MBSR이나 다른 프로그램을 대할 때 초심자의 마음으로 순수하게 받아들이기보다 판단하고 분석하면서 참여한 탓도 있었을 것이다.

일련의 과정들을 거치며, 마침내 나는 자체적으로 명상 프로그램을 만들어야겠다고 결심했다. 남방불교와 티베트불교의 수행법에서 기본 틀을 가져온 서양의 명상 프로그램 대신, 한국의 선불교에 뿌리를 둔 새로운 명상 프로그램을 만들고 싶었다. 그때만 해도 선불교 관련 연구라 할 만한 게 없다시피 했기에 맨땅에 헤딩하는 심정으로 나아갔다. 컨설팅 일을 하면서 틈틈이 수행도 하고 명상 관련 지식을 쌓으면서 나름대로 안목을 길렀다. 명상을 공부하면 할수록 한국불교의 명상 전통과 기법이 대중적으로 충분히 반향을 일으킬 수 있을 거란 확신이 더욱 커졌다. 명상의 놀라움과 즐거움을 경험하면서 기업 컨설팅에 대한 시각도 많이 바뀌었다.

명상 사업에 대한 결심을 굳힌 결정적인 계기는 국내 최대의 법무법인 김앤장 법률사무소에서 일할 때의 경험이다. 2013년 MLC(Mindful Leadership & Coaching)라는 8주 과정 명상 프로그램을 만들어 사회 각 분야의 지도층을 대상으로 교육했다. 나는 프로그램 전체의 기획과 운영 및 평가를 맡았다. 당시에는 생소한 프로그램이었기 때문에 참가자 모집이 쉽지 않았다. 주요 인사들을 일대일로 만나 프로그램 특성을 설명하고 참가자로 모셨다.

리더를 대상으로 마음챙김 프로그램을 진행하는 것이 처음 있는 일이었기 때문에 큰 기대로 시작한 일은 아니었다. 일단 해보는 데 의미를 두었다. 그런데 시범적 성격의 파일럿 프로그램이었음에도 의외로 매우 고무적인 결과가 나왔다. 참가자들의 스트레스가 완화되고 정신 건강이 증진된 것이 눈으로 확인되었다. 8주간의 프로그램을 수료한 뒤 불편감이나 억압감 저하와 같이 참여자들의 스트레스 완화를 똑똑히 목격했다. 주관적으로 느껴지는 스트레스 수치는 25.5에서 21.5로, 사회부적응과 불안 및 우울감 등 일반 정신 건강 수치는 24.5에서 22.5로 줄어들었다. 반면 마음챙김에 대한 자각은 47.2에서 51.1로, 정서 지능은 66.1에서 74.6으로 늘어났다. 이 외에도 상황 대처에 대한 유연성이 증가했으며 관계적 리더십 향상에서도 긍정적 변화가 보였다.

통계 결과를 한마디로 정리하면 '마음챙김 명상의 놀라운 효과'였다. 자기 일에 최선을 다하면서도 원만한 인간관계로 조직을 이끌어나갈 수 있는 바람직한 리더 역량을 명상을 통해 기를 수 있었던 것이다. 특히 리더로서 성공과 실패를 좌우하는 핵심 역량인 정서 지능(emotional intelligence) 요인이 획기적으로 변화된 것이 고무적이었다.

정서 지능이 중요한 것은 다들 알고 있었지만, 이를 높일 수 있는 구체적인 방법론은 많지 않았다. 교육이나 노력을 통해 얻기 어려운 효과들을 8주간의 마음챙김 명상 체험을 통해 얻게 된 것이다. 돈으로는 결코 살 수 없는 행복을 명상이 가져다주었다.

[표1] MLC 프로그램 효과성 측정 결과

측정 요인	참가 집단(11)				통제 집단(8)			
	Before	After	전후비교	유의도	Before	After	전후비교	유의도
지각된 스트레스	**25.5**	**21.5**	**(4.0)**	**(0.003)**	**24.6**	**21.0**	**(3.6)**	**0.040**
불편감	10.2	9.1	(1.1)	(0.097)	9.9	9.1	(0.8)	0.483
통제감저하	15.4	12.5	(2.9)	(0.004)	14.8	11.9	(2.9)	0.002
일반 정신 건강	**24.5**	**22.5**	**(2.3)**	**(0.060)**	**21.1**	**20.9**	**(0.3)**	**0.732**
사회적 부적응	10.3	9.3	(1.0)	(0.085)	9.0	9.1	0.1	0.763
불안/우울감	15.4	14.3	(1.1)	(0.133)	13.9	13.3	(0.6)	0.370
마음챙김	**47.2**	**51.5**	**(3.9)**	**(0.018)**	**50.8**	**51.3**	**0.5**	**0.695**
마음챙김-주의	15.5	17.4	(1.8)	(0.058)	17.4	16.9	(0.5)	0.407
마음챙김-집착 없음	6.4	7.5	(1.1)	(0.010)	7.1	6.6	(0.5)	0.316
마음챙김-수용	8.5	9.5	(1.0)	(0.008)	8.4	9.6	0.6	0.049
마음챙김-자각	16.8	17.5	(0.7)	(0.377)	17.1	17.5	0.4	0.476
정서 지능	**66.1**	**74.6**	**(8.5)**	**(0.017)**	**74.8**	**77.0**	**2.3**	**0.393**
자기 정서 인식	16.8	19.2	(2.4)	(0.057)	18.9	20.0	1.1	0.391
정서 조절	16.0	18.3	(2.3)	(0.017)	18.9	19.3	0.4	0.644
정서 활용	17.5	19.2	(1.6)	(0.020)	19.3	19.9	0.6	0.370
타인 정서 인식	15.7	18.0	(2.3)	(0.025)	17.8	17.9	0.1	0.909

∷ 유의도가 낮을수록 신뢰도가 높음.

국내 최초 명상 전문
컨설팅 회사를 세우다

명상에 지속적으로 관심을 갖게 된 이후로 관련 서적을 탐독했다. 간화선, 하트스마일명상, MBSR 등 여러 명상 프로그램에도 직접 참여해 명상에 대한 이해도와 숙련도를 차근차근 높였다. 그 과정에서 서양의 대표적인 명상 애플리케이션인 '캄(Calm)', '헤드스페이스(Headspace)', '심플 해빗(Simple Habit)' 등을 분석하며 개념과 내용과 장단점을 숙지하고 나자, 그동안 오랜 기간 체험하고 학습한 명상을 기술과 접목하면 많은 사람이 일상에서 명상을 활용할 수 있겠다는 생각이 들었다.

또 하나, 《염처경(念處經)》을 만난 것이 결정적이었다. 《염처경》은 초기불교 수행법을 몸(身)·느낌(受)·마음(心)·법(法) 네 가지 주제로 집대성한 것으로, 마음챙김으로 대표되는 초기불교 수행법의 토대가 되는 경전이다. 미산 스님은 과학적 명상법을 이해하기 위해서는 가장 근본이 되는 《염처경》을 반드시 공부해야 한다며 당신이 진행하는 강좌를 들어볼 것은 권했다. 강의를 들은 후 서양의 과학적 명상 프로그램에 대한 궁금증과 모호함이 사라지게 되었다. 산수를 하려면 숫자와 구구단을 알아야 하듯이, 명상을 이해하기 위해서는 《염처경》이 핵심이었던 것이다. 이제 구구단을 알게 되었으니 산수를 하는 것은 그리 어렵지 않게 되었다.

앞서 얘기했듯이, 오랜 기간 컨설팅 분야에서 전문성을 쌓았던 내가 일을 그만두게 된 배경은 고객의 질문에 답을 할 수 없었기 때문이었다. 그런데 명상을 만나고 나서 오래전 그 질문에 대한 답을 찾게 되었다. 개인의 행복은 물론 조직의 성과 창출까지 이뤄내는 힘이 명상 안에 있었다. 누군가의 지시나 명령에 따라 일하는 것이 아니라, 명상을 통해 자발적으로 자기 일에 몰입하게 됨으로써 자연스럽게 성과로 귀결되는 것이다.

최근 연구 결과에 따르면, 직장인들이 전체 업무 시간 중 약 47% 동안은 집중하지 못하고 마음이 방황(mind wandering)한다고 한다. 창의적이고 혁신적인 상품과 서비스를 생산해야 하는 기업 입장에서는, 이렇게 헛도는 구성원들의 마음을 바로잡아 업무 시간 내에 명료하게 깨어 있으면서 몰입할 수 있는 환경을 만들어주는 것이 핵심 과제일 수밖에 없다. 중요한 것은 자발적 동기 부여다. 피상적이며 단기적이고 얄팍한 타발적 동기 부여 수단으로는 한계가 있다. 여기에 명상의 필요성과 유용성이 있다. 마음챙김 명상을 통해 주의력이 높아질수록 구성원의 자발적 몰입과 집중력 수준이 높아지고, 결과적으로 회사의 성과와 구성원의 삶의 질이 높아지게 되기 때문이다.

명상을 통해 사람의 탁월성이 발현될 때 개인은 물론 조직도 행복해질 수 있다는 확신을 갖게 된 나는 2016년 국내 최초의 명상 전문 HR 컨설팅 회사인 무진어소시에이츠㈜를 설립했다. 개인과 조직의 잠재 역량이 있는 그대로 발휘되고, 매일의 일상과 스트레스 속에서도 행복할 수 있는 컨설팅 서비스를 제공하는 전문가 그룹이다. 마음챙김으로 내면의 잠재력(inner potential)을 끌어내고, 궁극적으로 그것을 따스한 마음(Compassion)으로 승화시켜 진정한 행복을 누릴 수 있도록 하자는 게 사명이다.

- 매일 5분 자신을 성찰하는 시간을 갖는다.
- 매일 한 번 이상 감사하는 마음을 표현한다.
- 몸과 마음의 조화로움을 유지한다.
- 매년 IDP(Individual Development Plan) 실천을 통해 전문가로 성장한다.
- 창의적인 문제 해결 역량을 계발한다.
- 고객의 관점에서 생각하고 행동한다.
- 공유와 공감을 통해 시너지를 창출한다.

나는 이 일곱 가지를 사업의 원칙으로 세웠다. 정직하고 품격있는 콘텐츠를 제공하고, 국민들이 일상에서 언제 어디서나 편리하게 이용하는 플랫폼을 만드는 것이 목표이다. 물론 사업이란 사람을 상대로 하는 것이다. 명상으로 사업을 하려면 상당한 실력과 경력을 갖춘 명상 전문가로서 다른 사람들에게 신뢰를 얻어야 한다. 그런데 20여 년간 오로지 경영컨설턴트로 살아온 내가 하루아침에 명상 전문가라는 입지로 대중에게 다가서기란 현실적으로 어려운 노릇이었다. 어떤 창조적 절충점이 필요했고, 기업 시장에 진출하기 위해서는 직장인들이 편하게 활용할 수 있는 애플리케이션이 필요하다는 생각을 갖게 되었다.

그렇게 해서 만들어진 것이 마음챙김 애플리케이션 '하루명상'이다. '하루명상'에는 남녀노소 누구나 쉽게 명상을 익힐 수 있는 다양한 콘텐츠가 담겼다. 특히 명상을 처음 접하는 사람이라도 쉽게 따라 할 수 있도록 하는 데 강조점을 두었다. '왕초보명상'과 '7일간의 마인드풀 여행'이라는 기초 명상을 통해 누구나 쉽게 과학 기반의 마음챙김 명상을 경험할 수 있도록 했다. 또한 피곤할 때나 우울할 때, 혹은 잠자리에 들 때 등 그때그때 스스로 감정을 다스릴 수 있도록 명상 음악과 글귀들을 풍성하게 마련했다. 뿐만 아니라 직장인들이 아침저녁으로 출퇴근할 때나 근무할 때 요가를 체험할 수 있도록 '직장인을 위한 마음챙김 요가'에도 공을 들였다. 어린이, 여성, 군인을 위한 명상 등 수요자의 특성별로도 다양한 콘텐츠를 제공하고 있다.

다른 명상 애플리케이션과는 차별화된 '하루명상'만의 특별함 가운데 하나는 명상 음악에 국악을 도입한 점이다. 명상 음악 하면 으레 티베트나 인도의 음악을 떠올리게 마련인데, 실은 국악만큼 심신을 안정시켜주는 음악이 없다. 마치 외국인들이 BTS(방탄소년단)의 노래를 한글 가사 그대로 따라 부르듯이, 국악 역시 명상을 하는 외국인들에게 어필할 수 있으리란 신념으로 토종 명상 음악을 개발했다. 장차 '트로트 수면 음악', '아리랑 수면 음악' 등도 개발해서 글로벌 시장에 선보일 계획이다. 이러한 독창적인 콘텐츠를 개발하고 제작하는 역량이 '하루명상'의 최대 강점이다.

K-Mind의
세계화를 꿈꾸며

내가 처음 명상으로 사업을 시작한다고 했을 때 거의 모든 사람이 경제적 어려움을 각오해야 할 거라고 말했다. 다행히 그 예상은 빗나가고 있다. 굴지의 이동통신사인 KT의 '기가지니', 그리고 SK브로드밴드와 업무제휴 협약을 맺어 '하루명상' 콘텐츠를 공식적으로 제공하고 있다. 국내 최대 포털사이트인 네이버로부터 투자[정식 명칭은 '네이버-KTB 오디오 콘텐츠 전문투자조합(오디오 콘텐츠 펀드)']도 받았다. 대기업과 투자 기업들로부터 명상 산업이 미래 성장 가능성이 있음을 공식적으로 인정받은 것이다. 놀라운 것은 KT, SK브로드밴드, 네이버 모두 내가 먼저 찾아가 제휴를 요청하지 않았다는 점이다. 어느 날 그들로부터 요청이 왔고, 명상을 사회 전반에 확산하고자 하는 나의 목표에 부합했기에 자연스럽게 관계를 맺게 되었다. 확신과 소명 의식을 가지고 묵묵히 해온 노력이 시절인연을 만난 게 아닐까 한다.

무진어소시에이츠㈜는 이제 막 명상 산업의 선두 주자로 기지개를 켜는 참이다. 사업이 어느 정도 궤도에 오르니, 초창기 명상 사업을 회의적으로 바라보고 의심하던 사람들로부터 선견지명이 있다는 칭찬마저 들을 정도가 되었다. 실제로 명상이 일상에 깊이 스며들면서 국내에서도 명상 시장이 점차 확장되고 있다.

초기 애플리케이션 개발은 소소하게 출발했다. 마음챙김 명상을 쉽게 배울 수 있는 콘텐츠를 만들고, 명상 교육 및 컨설팅을 위해 필요한 기업 명상 콘텐츠를 제작하는 게 중심이었다. 하지만 개발 과정에서 한 분 한 분 명상 전문가의 참여가 늘어나다 보니 당초 계획했던 것보다 훨씬 일이 커져버렸다. 현재는 약 40여 명의 전문가와 함께하고 있으며, 모두 순수하고 기쁜 마음으로 '하루명상' 앱 콘텐츠 크리에이터로 참여해주고 있다. 선한 영향력을 가지고, 명상이 사회 전반에 확산되기를 바라는 마음에서다.

마음챙김에 기반한 과학적 명상 프로그램은 4차 산업혁명 시대에 디지털 기술과 접목했을 때 사업적 측면에서 충분히 가치가 있고 사회의 보편적인 문화로 자리 잡을 수 있다. 물론 아직은 사업 초기 단계다. 계속해서 컨설팅으로 돈을 벌어 명상 프로그램 개발에 투자하는 식이다. 그러나 최근 들어 개인은 물론 기업에서의 임직원 교육, 디지털 헬스케어, 심리상담 및 치유 등 사회 전반에서 명상에 대한 수요가 늘고 있음을 볼 때 전망이 매우 밝아 보인다.

우리나라를 대표하는 명상 플랫폼 기업을 만드는 게 내 꿈이다. 그곳을 향해, 나는 나만의 길을 뚜벅뚜벅 걸어가고 있다. 회사명인 무진(無盡)은 나의 법명에서 따왔다. 미산 스님에게 받은 소중한 제2의 이름이다. 컨설팅이든 명상 수행이든, 앞으로 인생에서 사람들에게 제공해야 할 서비스가 끝이 없을 테니 공부도 끝이 없어야 한다는 격려 속에 받은 이름이다. 가야 할 길이 멀다. 하지만 무진의 정신을 잊지 않는다면 그 길은 매우 흥미진진할 것이다.

내가 걷는 이 길은 인간의 마음 건강 문제를 해결하는 데 명상이 꼭 필요하다는 확신으로 걸어가는 길이기도 하다. 동서고금을 막론하고 출처와 배경이 다른 수많은 명상법이 나타났고 앞으로도 그럴 것이다. 다만, 모든 명상의 근본은 불교의 지관(止觀)이라고 본다. 멈추어 바라봄, 일단 멈춰야 제대로 볼 수 있다는 뜻이다. 밖으로만 나가려고 하는 마음을 안으로 되돌려 내면을 성찰하는 것, 간단히 말하면 이것이 바로 '명상'이다. 명상에는 잘하고 못하고가 따로 없다. 명상은 학습이 아니라 꾸준히 하는 연습이기 때문이다. 한 호흡만 제대로 해도 명상이다. 숨을 들이마시고 내쉴 때 있는 그대로 자신의 모습을 온전히 바라볼 수 있다면, 그것만으로도 완전한 명상이다. 생활 속에서 반복과 실천이 무엇보다 중요하다. 5분, 아니 1분이라도 호흡에 집중하는 습관을 들이는 게 중요하다.

한국불교는 세계 어느 나라의 불교보다 우수하다. 그러므로 한국불교의 명상도 세계에서 가장 뛰어나다고 할 수 있다. 단지 아직 그럴듯하게 가공되지 않았을 뿐이다. 내 역할은 그러한 원석을 발굴하고 다듬어 한국을 대표하는 문화 상품으로 만들어내는 일이다. 'K-Pop'과 'K-방역'을 넘어 'K-Mind'가 세계화될 날이 머지않았다.

누구나 그러하듯 나의 삶에도 기복이 적지 않았다. 방황도 많이 했고 실수와 오판으로 삐끗하기도 했다. 탐욕에 눈멀기도 했고 분노에 몸서리치던 날들도 헤아리기 어렵다. 앞으로도 그럴지 모른다. 다만 명상을 만나면서 넘어지더라도 재빨리 생각을 바로잡고 다시 덤덤한 마음으로 일어서는 법을 배웠다. 자신의 몸과 마음 상태를 매 순간 정확하게 알아차리려면 온화한 주의를 기울여 바라볼 수 있어야 한다. 그러면 일어서는 힘이 더욱 커진다. 지금 있는 그대로의 현상들이 마치 하나로 연결되어 어떠한 걸림도 없이 춤을 추고 있을 때, 진정한 자유와 행복이 찾아온다. 나의 경험으로 봤을 때, 힘든 순간에 고요한 호수처럼 마음을 유지하는 일은 생각보다 그리 어렵지 않다. 그 지속 가능한 평정심을 여러분과 나누려 한다.

2
장

마음의 눈을 뜨면
세상이 달라진다

명상이란 무엇인가

나는 20년 넘게 기업을 대상으로 하는 HR 컨설턴트로 활동했다. 그리고 기업에도 명상이라는 획기적인 솔루션이 필요하다는 판단 아래, 2016년 국내 최초로 기업 명상 전문 컨설팅 회사를 설립했다. 이후 차근차근 준비에 준비를 더했고 여러 명상 관련 전문가들의 도움을 얻었다. 마침내 2018년 3월 명상 앱 '하루명상'을 개발해 출시했다. 현재 직장인을 비롯해 어린이, 주부, 학생, 군인 등 다양한 부류의 사람들에게 맞춤형 명상 교육 프로그램을 제공하는 중이다. 이제는 명상 중심의 교육과 컨설팅을 하고 있는 셈이다.

아직 국내에서는 명상이 낯선 상황이다. 그나마 내가 남보다 좀 일찍 명상을 시작하고 나아가 명상을 본격적으로 사업화했기에 주변으로부터 명상 전문가 대접을 받는다. 그래서 평소 명상이 무엇인지, 명상은 어떻게 해야 하는지, 명상을 하면 무엇이 좋은지 등에 관한 질문을 많이 받는 편이다. 여기에서 그동안 명상 콘텐츠를 개발하고 명상 관련 강의와 프로그램을 진행하면서, 또 잡지에 글을 쓰면서 들었던 공통적인 질문들에 대한 답을 정리해보고자 한다. 특히 회사에 명상을 도입하려는 경영자들과 명상에 관심을 갖고 있는 직장인들에게 좋은 길잡이가 되기를 바란다.

● 명상이 뭔가요? 그거 종교적인 것 아닌가요?

사람들이 가장 많이 하는 질문이다. 대놓고 묻지는 않더라도 아마 수많은 사람이 의구심을 갖고 있는 질문일 것이다. 결론부터 말하자면 명상은 종교보다 과학에 가깝다. KAIST 명상과학연구소에 따르면, 명상은 '밖으로 향하는 마음을 안으로 돌려 내면을 성찰함으로써 몸과 마음이 가지는 본래의 조화로움을 회복하게 하는 수련법'으로 정의된다. 명상을 하면 일단 불필요한 긴장과 스트레스에서 벗어날 수 있다. 궁극적으로는 진리에 대한 통찰과 더불어 자신과 타인에 대한 사랑과 친절을 체득해 오래도록 행복한 삶을 영위할 수 있다.

명상에 대한 영어 표현으로는 Meditation(메디테이션)과 Contemplation(컨템플레이션)이 혼용된다. 명상(Meditation)과 의학(Medicine)은 어간이 'Medi'로 서로 똑같다. 'Medi'는 라틴어의 'Mederi'에서 파생된 말로 '치료하다'라는 뜻이다. 이러한 어원에 따라 풀이를 해 보면, 명상은 정신으로 괴로움을 치료한다는 의미가 되겠다. 반면 Contemplation은 흔히 관조(觀照)로 번역된다. '함께'라는 뜻의 'Con' 과 기독교 성소(聖所)를 뜻하는 'Templum'의 합성어이다. 곧 '사물의 내면을 바라볼 수 있는 장소인 성소에서 사물들의 근원인 하나님을 발견하고 바라보는 것'이 본래 의미다. 탐욕과 분노를 내려놓고 차분해진 마음으로 세계를 관찰하고 사랑과 연민의 마음을 나누는 것이라고 해석할 수 있다.

좀 더 구체적으로 말하자면 Meditation은 인간의 내면 의식에 보다 초점을 두고 있는 단어이다. 하지만 자신의 내면에만 집중하는 일만으로는 내면을 치유하는 데 한계가 있다. 그래서 엄밀히 말하면 Contemplation이 Meditation에 비해 동서양의 정신 수행을 보다 포괄적으로 담고 있는 용어라고 할 수 있다. 그래서 KAIST 명상과학연구소에서는 Contemplation을 명상의 영어 표현으로 쓰고 있다. 명상이란 단순히 내 마음의 평온을 넘어 이웃과 자기 자신의 삶이 본래 평화롭고 아름다운 것임을 깨닫기 위한 수단이기 때문이다. 자신과 자신을 둘러싼 세상의 원만한 관계가 곧 행복이다. 진정한 행복을 원한다면, 내 마음이 세상을 향해 활짝 열려 있어야 한다는 것이다.

명상(瞑想)이라는 단어를 한자 뜻에 따라 직역하면 '고요히 눈을 감고 생각하는 것'을 의미한다. 정확히 말하면 눈을 감는 대신 마음의 눈을 뜨는 것이다. 또한 끊임없이 나를 자극하고 시험에 들게 하는 외부 세계가 아니라 자기 자신의 내면에 대해 진중하게 생각해보는 것이다. 명상은 지금 이 순간의 호흡이나 신체의 감각 등 구체적인 대상을 선택해 몰입하는 방식을 택한다. 또는 몸과 마음에 주의를 기울여 시시각각 변화하는 심신의 현상을 관찰한다. 다른 무언가를 욕망하거나 무언가에 의지하지 않더라도 나는 있는 그대로 온전하다는 사실을 통찰하기 위함이다. 나아가 내가 있는 그대로 온전하니 세상에서 밉거나 아쉬운 것이 없어지고 궁극적으로 순수한 자비의 마음이 자연스럽게 발현되는 것이다.

누군가는 분노를 다스리려고, 누군가는 깨달음을 얻으려고, 누군가는 집중력을 높이려고 명상을 한다. 동양은 동양대로, 서양은 서양대로 각자의 종교와 전통과 환경에 따라 수많은 명상법을 자체적으로 발전시켜왔다. 명상의 종류만큼 그 목적과 실행법도 다양해서 '이것이 명상이다'라고 딱 잘라 정의하기가 쉽지 않다. 다만 분명한 것은 명상이란 진정한 '나'를 보는 방법이고 실천이다. 시간의 흐름에 하염없이 끌려다니고 인간관계 속에서 가면을 써야 하는 '가짜 나'가 아니라, 늙음과 죽음의 괴로움에 의연하며 홀로 있어도 행복할 수 있는 '진짜 나'에게로 돌아오는 연습이다.

과거에는 명상이라고 하면 으레 '요가(Yoga)'를 떠올렸다. 인도 갠지스강 강변에서 수행자들이 온몸을 비틀고 꼬아 신기한 모습을 연출하는 것을 연상하곤 했다. 하지만 요가뿐만 아니라 가부좌를 틀고 화두를 드는 좌선도 있고 호흡을 바라보는 위빠사나도 명상이다. 절대자를 향한 기도 역시 자기의 순수하고 정직한 내면을 만나는 방법이라는 점에서 명상의 한 부류로 볼 수 있다. 현대에 와서는 여러 전통적 종교 수행법과 이를 쉽고 대중적으로 응용한 방법들까지 포괄하는 용어로 명상이란 단어가 통용된다. 결국 진실하고 허심탄회한 마음으로 자아와 세상을 마주하는 것이라면 모두가 명상인 셈이다.

명상이란 지금 이 순간에 경험하는 모든 것을 열린 마음으로 보고 받아들이는 인간의 고유한 능력을 가리킨다. 이러한 인간 본연의 능력은 수련과 인내를 통해 계발할 수 있다. 명상이 어떤 특정한 집단의 소유물은 아니지만, 공통적으로 내면의 성숙을 지향하는 종교 집단에서 크게 발달한 것은 부정할 수 없는 사실이다. 특히 불교의 명상 이론과 방법이 가장 잘 정리돼 전승돼 오고 있다. 가장 유명하고 보편적인 명상인 마음챙김도 불교에 기원을 두고 있다.

현대에는 마음챙김 명상 프로그램을 중심으로 과학적·실증적 연구가 활발하게 진행되고 있다. 이제는 어떤 종교를 믿기 위해서가 아니라 스스로 잘살기 위해서 명상을 한다. 목사님도 참선을 하고 수녀님도 템플스테이에 참여하는 시대다. 특정 종교에 국한되지 않고 명상의 대중화와 사회화가 이루어지고 있다. 무엇보다 명상을 하면 정말로 행복해진다. 곧 명상은 종교적이기보다는 오히려 과학적이다. 특히 마음챙김 명상을 기점으로 명상은 과학의 영역으로 완전히 편입돼 의료, 교육, 기업 등 사회 전반에서 널리 활용되고 있다. 심지어 영국은 국회에서 마음챙김 관련 위원회를 구성해 여러 차례 청문회를 실시한 후 2015년 10월 '마음챙김 국가, 영국(Mindful Nation, UK)' 프로젝트를 발표하고 국가 차원에서 어떻게 마음챙김을 활용할 것인지, 분야별로 구체적인 방향을 권고하기도 했다. 이처럼 오래전부터 서양에서는 명상을 종교 너머의 것으로 받아들이고 있다. 더 나은 삶과 자기 성장을 위한 도구로써 말이다. 이 시대에 "명상은 종교적인 것 아닌가요?"라는 질문은 어리석고 부질없는 질문일 뿐이다.

● 매일 전쟁 같은 시간을 보내는 직장인들에게
명상은 너무 한가한 이야기 아닌가요?

열에 아홉은 이렇게 생각하고 있다. 특히 '사장님'의 지시가 없는 상황에서 아랫사람이 "명상 프로그램을 회사에 도입해보는 것이 어떨까요?" 하고 건의를 하면 대부분의 의사결정권자는 호의적인 반응을 보이지 않는다. "뭐라구요? 명상? 지금 회사가 그렇게 한가한가요?"라는 핀잔을 듣기 십상이다. 그래서 의견을 말하기가 조심스럽고 명상과 관련한 예산을 따내기도 어렵다.

하지만 명상을 조금이라도 제대로 경험한 경영자라면 명상이 기업 경영에 얼마나 중요한지 잘 알고 있다. 세계적인 디지털 기업인 인텔(Intel)은 명상을 '폭풍우가 몰아치는 바다 한가운데서 배가 난파됐을 때 자신을 구할 수 있는 구명보트'라고 정의한다. 급변하는 환경과 치열한 경쟁 속에서 자기 자신을 지킬 수 있는 도구라면서 직원들에게 적극적으로 권장하고 있다. 만약 명상을 통해 자신을 효과적으로 돌보고 보호할 수 있다면, 당연히 생존력과 경쟁력이 커질 수밖에 없다. 그리고 전투력이 높으면 당연히 전쟁에서 승리하는 법이다. 특히 명상은 리더십에 현격한 차이를 만든다. 명상을 하면 관리자의 정서 지능이 높아지는 동시에 동료에 대한 동정심과 사회적 책임감을 더 많이 느끼고 더 친절하고 다정하게 행동하게 된다는 연구 결과가 속속 보고되고 있다.

명상을 오래 한 사람들을 관찰해보면 매우 차분하면서도 지성적이다. 심지어 반응이 좀 굼뜨다는 느낌까지 받게 된다. 그들은 일반인들처럼 외부의 자극에 즉각적이고 반사적으로 반응하지 않는다. 꾸준한 명상을 통해 알아차림의 능력을 키웠기 때문이다. 즉 사실에 기반해 현명한 대응을 할 수 있기 때문에 누구보다 합리적이고 지혜로운 의사결정을 할 수 있다. 또한 명상은 겉으로 보기에는 조용하고 정적으로 보이지만, 실제로 명상하는 사람의 내면세계는 결코 그렇지 않다. 고요히 관찰하다 보면 끊임없이 역동적으로 움직이는 내면세계와 직면하게 된다. 명상가는 매 순간 알아차림의 내적 성찰을 통해 늘 깨어 있는 마음을 유지할 수 있다. 어떤 일이든 절대로 홧김에 하지 않는다.

비즈니스 현장에서 명상을 가장 잘 활용하고 있는 대표적인 기업이 바로 빌 게이츠(Bill Gates)가 창업한 마이크로소프트(Microsoft)이다. 마이크로소프트는 기술 및 경쟁 환경 변화에 대응하기 위해 과거의 성공 방식에서 과감히 벗어나 혁신적이고 창의적인 조직으로의 변신을 시도했다. 그 시작은 '성장 마인드셋'을 통한 조직 문화의 혁신이었다. '성장 마인드셋' 문화 확산을 위한 방법 중 가장 중요하게 다뤄지는 프로그램이 마음챙김이다. 여타 기업들과는 달리 마이크로소프트는 마음챙김을 기업 문화 및 인재 전략과 명확히 연계해 추진하고 있다. 구성원들이 마음챙김을 통해 잠재력을 최대한 발현할 수 있는 성장 마인드셋을 가질 수 있다면, 그것이 회사의 생산성과 경쟁력 향상에 크게 도움이 되리란 믿음 때문이다.

고통스러운 현실을 체념하고, 현실에 안주하고 싶은 사람이라면 명상 같은 건 하지 않아도 된다. 하지만 우리 대부분은 치열하게 살아야만 생존할 수 있고 전쟁터 같은 삶의 현장을 견뎌낼 수 있다. 명상은 한가한 놀이가 아니다. 마음에 강인함을 불어넣어 인간을 더욱 인간답게 살 수 있도록 도와준다. 가장 안전하고 인본주의적인 방법으로 전투력을 극대화하는 방법이다. 무엇보다 경영자 입장에서 가장 솔깃해할 만한 장점은 비용이 크게 소요되지 않는다는 점이다. 조용한 공간이 있고 지도할 전문가만 있으면 언제 어디서든지 실행할 수 있다. 명상은 제아무리 짠돌이 사장님이라도 거부하기 힘들 만큼 가성비가 높은 솔루션이다.

● **명상이 모든 사람에게 도움이 되나요?**

명상은 누구나 쉽게 할 수 있다. 인간이 갖고 있는 보편적인 능력을 활용하기 때문이다. 다만 명상이 모든 사람에게 효과가 있다고 단언

할 수는 없다. 명상에 임하는 사람의 기질과 태도, 각자가 처한 생활 환경, 명상 지도자의 수준 등 다양한 변수에 의해 그 성패가 좌우된다. 어떤 사람은 명상을 해도 전혀 변화가 없을 수 있지만 반면에 어떤 사람은 명상을 통해 제2의 인생을 살 수도 있다. 실제로 그 효과가 세계적으로 공인된 프로그램이더라도 모두에게 만병통치약이 될 수 없다는 것이 입증된 바 있다. 임상 단계에서 명상을 한 사람들과 그렇지 않은 사람들을 분류해 실험한 결과, 명상을 한 그룹에서 불안과 우울증이 크게 개선됐다는 보고가 있다. 하지만 명상을 해도 별로 나아지지 않거나 치료 방법으로 명상 수련이 적절하지 않은 사람들도 있다는 사례 역시 존재한다.

명상 수련에 관한 대부분의 연구는 아직 초기 단계에 머물러 있다. 명상 수련이 보편적으로 효과적이라고 확신하기 위해서는 더 많은 표본이 필요한 것이 사실이다. 더구나 일부의 비평가들은 명상과 관련한 이런저런 실험들이 대개 짧은 기간에 한정돼 있음을 꼬집는다. 그 효과가 단기적인 스트레스 감소에만 그칠 뿐이라는 것이다. 당장 눈앞의 이익만을 중시하는 현대 사회의 조류에 따라 명상마저도 '패스트푸드화'되고 '인스턴트화'되고 있다는 지적은 뼈아프다. 최근 유행하는 '명상제일주의'에는 분명 거품이 많이 끼어 있다.

하지만 명상의 목적은 일시적인 스트레스 해소나 순간적인 즐거움을 취하는 데 있지 않다. 느리지만 강하고, 쉽게 얻을 수 없지만 막상 얻으면 쉽사리 사라지지 않는 무게감 있는 행복을 추구한다. 지속적인 안온함과 풍요로움, 그리고 삶에 대한 내적 성찰과 더불어 내면에서 진심으로 우러나는 배려와 나눔의 덕목을 계발하는 것이다.

명상은 인간 고유의 능력으로 그 자체는 위험하지 않다. 지난 40여 년간 마음챙김에 관한 과학적 연구들이 명상의 효과를 검증해왔다. 2019년 한 해에만 마음챙김 관련하여 발표된 논문 수가 약 1,900편에 이른다. 심리학 분야의 논문 편수가 33%로 가장 큰 비율을 차지하며, 정신건강의학·신경과학·교육·공공의료 등 다양한 분야에서 논문이 발표되고 있다. 마음챙김의 효과를 살펴보면 화와 분노 조절, 스트레스 감소, 수면 개선, 혈압 조절 등 개인 정신과 신체 건강 개선에 도움을 주는 것은 물론 집중력 증가, 경청 태도 개선, 목표 추구, 리더십 개발 등 기업 경영에 필요한 역량 계발에도 효과가 있는 것으로 나타났다. 과학적 연구 결과, 명상은 인간의 바람직한 자질을 향상시키는 데 효과가 있다는 결론이다.

하지만 거듭 말하거니와 이것이 모든 사람에게 적용되는 금과옥조라고는 말할 수 없다. 개개인의 성격과 상황에 따라 고도의 명상 수련이 되레 금물이 될 수도 있다. 일례로 한 공간에서 장기간 머무르며 묵언 수행을 하는 프로그램의 경우, 오히려 이전보다 마음의 병이 악화되는 경우가 적지 않다. 명상을 하면 당장에 우울증을 치료할 수 있다는 말 역시 터무니없는 과장이다. 우울증이나 외상 후 스트레스

장애 등 중증의 신경증인 경우엔 일단 적절한 약물 및 심리 치료를 선행한 뒤에 명상에 참여하는 것이 옳다. 무엇보다 검증된 프로그램에 참여해야 하고 검증된 전문가의 안내를 받으면서 천천히 그리고 안전하게 시작할 것을 추천한다. 명상을 한 다고 해서 인생이 단박에 행복해지거나 완벽해지는 것은 아니다. 다만 그럴 힘을 주기는 한다. 명상이 행복한 삶을 위한 탄탄한 디딤돌을 만들어준다는 것만은 분명하다.

[표2] 과학적 연구 결과에 근거한 마음챙김 명상의 15가지 효과

① 화&분노 조절	⑥ 일상의 스트레스 감소	⑪ 혈압 조절
② 우울증 대처	⑦ 편안하고 빠른 수면	⑫ 단호함 증가
③ 걱정과 불안 감소	⑧ 집중력 증가	⑬ 깊이 있는 영적 삶
④ 'NO'라고 말할 수 있는 힘	⑨ 경청 태도 개선	⑭ 끈질긴 목표 추구
⑤ 체중 감소	⑩ 즐거운 성 생활	⑮ 더 바람직한 리더

:: 출처 https://nickwignall.com/mindfulness-benefits '15 Proven Mindfulness Benefits According to Research(2018)'

세계의 석학
유발 하라리가 말하는 명상

유발 하라리(Yuval Noah Harari)는 현재 시점에서 보면 세계에서 가장 뛰어난 현자(賢者) 중 한 사람일 것이다. 학자이면서 슈퍼스타다. 베스트셀러 《사피엔스》로 톱 연예인 못지않은 인기를 누리고 있다. 그의 말 한마디 한마디에 젊은이들은 열광하고 그것을 자기 삶의 지침으로 삼는다. 전 세계인의 스승으로 올라섰다 해도 과언이 아니다. 그가 수많은 사람의 존경과 선망을 받는 이유는 무엇일까. 아마도 역사학자로서 인간의 본질을 꿰뚫고 있기 때문일 것이다. 그는 인류가 살아온 장구한 시간을 면밀히 관찰하면서 인간이 무엇인지, 인생의 의미란 궁극적으로 무엇인지에 관해 해답을 제시하고 있다.

유발 하라리가 보기에 삶이란 원래 괴로운 것이다. 나도 괴롭고 너도 괴롭다. 현대인들도 괴롭고 고대인들도 괴로웠다. 누구든지 각자의 이유로 괴롭다. 그래서 유발 하라리는 인생의 의미가 무엇이냐는 질문보다 '어떻게 하면 고통에서 벗어나느냐'라는 질문을 해야 인류가 행복해질 수 있다고 강조한다. 인생의 의미는 고통을 극복하는 것에 있고 고통을 극복하는 삶이 바로 의미 있는 삶이기 때문이다.

고통에서 벗어나려면 일단 고통의 원인을 알아야 한다. 유발 하라리는 위빠사나 명상 수행을 통해 고통의 원인이 자신의 정신적 관습 때문에 생긴다는 사실을 깨달았다. 그는 자신의 저서 《21세기를 위한 21가지 제언》에서 "고통은 원하는 것이 되지 않을 때 정신이 일으키는 반응"이라고 정리했다. "따라서 고통은 외부의 객관적 조건에서 오지 않고, 그것에 대해 정신이 일으키는 반응임을 깨닫는 것이 고통을 벗어나는 출발점"이라고 밝혔다.

여기서 주목해야 할 것은 고통이 어떤 객관적 사실이 아니라 주관적 반응이라는 점이다. 고통은 특정한 사건이나 물건, 또는 누군가 나에게 주는 것이 아니다. 다만 그러한 대상에 대한 나의 정신적 패턴(자아)이 고통을 불러오는 것이다. 따라서 자신의 정신적 패턴을 잘 조절하고 통제할 수 있으면 고통을 겪지 않을 수 있다는 논리가 성립한다. 그러나 불행하게도 우리가 정신적 패턴을 제어하는 것은 불가능하다. 고통은 그야말로 맹목적이어서 이성(理性)으로는 이해할 수도 없고 억제할 수도 없다.

이러한 고통의 통제 불가능성에 대해 유발 하라리가 내놓는 답은 '방치하라'라는 것이다. 자아는 통제가 불가능하니 억지로 통제하려고 헛수고하지 말라면서 내버려 두라고 한다. 어차피 자아란 이번 생에서 갑자기 만들어진 것이 아니라 까마득한 시간 동안 형성된 유전적 산물이다. 더구나 이성과 논리의 영역을 벗어난 일종의 생화학적 반응이므로 안간힘을 써봐야 제어할 수도, 정복할 수도 없다. 단지 그 고통을 있는 그대로 인정하고, 고통이라는 현상을 그저 바라보는 관찰 수행을 통해서 고통에서 벗어날 수 있다고 주장한다.

내가 있는 한 나는 고통스러울 수밖에 없다. 마치 나무 한 그루가 서 있으면 끊임없이 비바람이나 뙤약볕에 시달려야 하는 이유와 같다. 나와 내 가족이 밥을 먹으려면 남의 밥그릇에서 밥을 빼앗아 와야 하는 일도 불가피하게 생긴다. 그러므로 살아 있는 한 일정하게 괴로울 수밖에 없다는 사실을 우선 직시해야 한다.

우리가 해야 할 일은 자아가 기세등등해져 더욱 난동을 피울 여지를 없애버리는 것이다. 유발 하라리는 "종교, 영웅 같은 만들어진 허구에 의미를 부여할수록 거기에 동화되어 자아의 반응은 더 격렬해지고 잔인해지며 희생을 당하는 일도 많아진다"라고 지적한다. 자기 꾀에 자기가 당하는 셈이다. 그는 "이런 허구에 매몰되지 말고 관찰을 통해 괴로움에서 벗어나는 게 중요하다"라고 거듭 강조한다. 유발 하라리의 날카로운 주장은 2,500여 년 전 불교를 창시한 석가모니 붓다의 가르침과 일치한다.

페이스북의 설립자 마크 저커버그(Mark Elliot Zuckerberg)는 유발 하라리의 팬이자, 그와 어깨를 나란히 하는 글로벌 셀럽이기도 하다. 저커버그는 자신이 운영하는 온라인 독서클럽에서 "인간 문명에 관한 위대한 역사적 서술"이라며 《사피엔스》를 추켜세웠다. 유발 하라리는 저커버그를 포함해 자신을 흠모하는 전 세계의 모든 독자를 위해 답글을 달았다. "광범위한 지식의 사실이나 세부적인 사항들을 점검하다 보면, 처음에 구상했던 큰 그림을 보지 못하고 정보의 바다에 빠져 익사하기가 쉽다. 그래서 나는 매일 두 시간씩 명상을 한다. 명상을 통한 집중과 정신적 균형이 없었다면《사피엔스》도,《호모데우스》도 쓰지 못했을 것이다."

유발 하라리는 영국 옥스퍼드대학교에서 공부할 때부터 명상을 해왔다. 한때 성공한 비즈니스맨이었다가 세계적인 위빠사나 명상 지도자가 된 고엔카(Goenka)가 지도하는 위빠사나 명상에 참여했다가 지금껏 매일 명상을 하고 있다. 그리고 1년에 두 달은 디지털 디톡스 시간을 갖는다고 한다. 적어도 1년에 60일은 휴대전화와 인터넷을 일절 사용하지 않는 것이다. 그는 특별한 종교를 갖고 있지 않지만 누구보다 영적인 삶을 살고 있다. 자기 삶에 대한 성찰과 성장을 위해 명상을 하는 것이다. 그리고 그 과정에서 얻게 된 삶의 고갱이들을 세상 사람들과 나누고 있다. 선한 영향력이라는 말이 잘 어울리는 삶이다.

코리안 특급
박찬호가 말하는 명상

'코리안 특급' 박찬호. 요즘에는 이른 바 '투 머치 토커'라는 별명으로 예능인처럼 알려져 있고, 심지어 개그맨인 줄 아는 어린이들도 있다. 사실 그는 훌륭한 운동선수이자 대한민국 야구사의 전설이다. 최초의 한국인 메이저리거이자 아시아인 메이저리그 최다승(124승) 기록을 보유한 인물이다. 그와 관련해 비교적 덜 알려진 사실 가운데 하나가 '명상가'로서의 면모다. 박찬호는 방송에서 수시로 인생의 가장 어려운 시기를 명상으로 극복했다고 말해왔다. 극도의 슬럼프에 시달리며 자살까지 고민하던 중 명상이 그에게 손을 내밀었다는 것이다.

1994년 메이저리그 LA다저스에 입단한 박찬호는 꾸준히 기량이 성장하며 팀의 에이스 자리에 올랐다. 그가 불같은 강속구로 경기를 승리로 이끌 당시 IMF 경제 환란으로 고통받던 국민들은 그에게 열띤 환호를 보내며 희망을 꿈꿨다. 1990년대 후반부터 2001년까지 그의 일거수일투족이 국내 언론에 매일 보도될 만큼 박찬호는 그야말로 국민 영웅이었다. 이후 자유계약선수(FA)가 된 그는 그동안의 성과에 대한 보상을 받았다. 2001년 12월 총 700억 원에 달하는 거액을 받고 텍사스 레인저스로 이적한 것이다. 텍사스 레인저스의 단장은 입단 기자 회견에서 "넘버원 투수를 모셔왔다"며 박찬호에 대한 극찬을 아끼지 않았다. 어쩌면 엄청난 부와 명예를 거머쥔 그때가 그의 인생에서 최고의 순간이었을 것이다. 하지만 그것이 인생에서 최악의 순간이 시작되는 찰나였음을 알게 되기까지 그리 오래 걸리지 않았다.

박찬호는 텍사스 입단 후 2002년 첫 시즌 시범 경기 도중 햄스트링과 허리 부상을 당한다. 부상은 그를 끝이 보이지 않는 나락으로 내몰았다. 팀의 에이스는커녕 선발 투수라고 부르기도 민망한 성적을 냈다. 그것도 아니면 부상으로 내내 드러누웠다. 당연히 '먹튀('먹고 튀다'의 줄임말. 이익만 챙기고 빠지는 일, 또는 그런 사람)' 논란이 일어날 수밖에 없었다. 잘나가던 시절 칭찬으로 입이 마르던 한국 언론은 태도를 180도 바꿨다. 전날 뭘 먹고 누굴 만났는지까지 대서특필하던 신문들이 이제는 날마다 그를 비난하고 비웃고 물어뜯었다. 주변에 달라붙어 친구 하자고 구걸하거나 명성을 이용하던 사람들은 그의 입지가 난처해지자 썰물 빠지듯 그와 '손절(인연이나 관계를 완전히 끊음)'했다. 고립무원의 상황에 부닥쳐 별짓을 다해 봐도 좀처럼 성적이 나아지지 않았다. 무엇보다 가장 큰 스트레스는 큰돈을 받은 만큼 성과를 내지 못한다는 자책감과 미안함이었다. 돌파구를 찾지 못한 채 막다른 골목에 몰린 그는 극단적인 선택마저 생각하기에 이르렀다. 대인 기피도 심각했다. 워낙 성적이 좋지 않으니, 구단주든 감독이든 동료든 모두가 자신을 싫어할 것이란 생각에 혼자 다니고 피해 다녔다.

그러던 어느 날 세수를 하고 문득 거울을 보는데, 거울 속 자신이 울고 있는 모습을 처음으로 보게 됐다. 그런 자신이 너무나 가엾어서 '딱 하루만 나에게 기회를 주고, 하고 싶은 대로 다 해보자'라고 결심했다. 그리고 그동안 두려워서 피하기만 했던 동료와 감독에게 먼저 다가가 말을 걸었다. 그런데 예상과 달리 그들이 자신에게 친절하게 반응하는 것을 보고 커다란 깨달음을 얻었다. 주변 사람들이 자기를 미워한 것이 아니라 너무 힘들어하고 있으니 일부러 적당한 거리를 두면서 배려했음을, 그들이 나를 미워할 거라는 생각은 자기가 스스로를 너무 미워하다 보니 만들어진 허상이었음을 말이다. 이후 박찬호는 자신이 개발한 스트레칭 절을 매일 100회씩 하고 30분 이상 명상을 하기 시작했다. 명상의 핵심은 자신에 대한 미안함과 고마움을 스스로에게 진심으로 표현하는 일이었다. 그는 현역 은퇴 후 다른 사람의 마음을 치유하는 명상 지도자로서 새로운 인생을 일궈가고 있다.

명상을 하는 이유는 궁극적으로 실상(實相)을 바로 보기 위함이다. 유발 하라리와 박찬호의 삶을 통해 알 수 있는 점은 명상이 시련이나 고통에서 벗어날 수 있는 힘과 용기와 지혜를 가져다준다는 것이다. 자신이 처한 현실을 정확히 직시하게 함으로써 현재 하고 있는 일을 더 잘하게 되고, 내 곁에 있는 사람을 진심으로 신뢰할 수 있게 되고, 결국 자기 자신을 진정으로 사랑할 수 있게 되는 것이다. 자기 자신을 전적으로 신뢰하면서 긍정적인 마음가짐으로 삶의 파도를 헤쳐 나가는 사람은 무조건 성공할 수밖에 없다. 전 세계의 많은 리더가 명상을 생활화하는 까닭이다.

앞서 말했듯이 현대의 명상은 종교보다는 과학에 가깝다. 과학의 특징은 객관성과 엄밀성이다. 자연 현상을 면밀히 관찰해 일정한 법칙을 도출하고, 이를 인간의 삶에 이로운 방향으로 적용하는 것이 바로 과학이다. 알다시피 과학의 발전은 문명의 발전을 이끌었고 인류는 그 풍요로운 문명 속에서 편리와 혜택을 누린다. 이러한 과학의 유용성을 명상에 대입해도 맞아떨어진다.

명상은 삶의 효율성을 비약적으로 높여준다. 자기 자신과 자신이 처한 현실을 명확히 인식하고, 선택과 집중의 전략으로 내가 만들어갈 수 있는 행복을 과감하게 실천하게 해준다. 효율을 최고의 가치로 여기는 리더들은 자신의 삶에서도 효율의 극대화를 추구한다. 많은 사람이 명상을 도덕적인 인격 수양이나 심지어 고행으로 여긴다. 하지만 명상의 진면목은 삶을 행복하게 하는 데 있어 매우 실용적이고 아주 저렴한 도구라는 점이다. 지금 당장 조금만 실천해도 삶이 순식간에 행복해진다.

마음챙김이란 무엇인가

전 세계의 여러 가지 명상법 가운데서 '마음챙김 명상'의 성장세가 두드러진다. 마음챙김은 빨리(Pali)어 'Sati(사띠)'의 우리말 번역어이다. Sati는 영어로 Mindfulness, Awareness, Noting, Attention 등 다양하게 번역되는데, 현재 Mindfulness가 가장 보편적으로 사용되고 있다. 남방불교의 위빠사나 수행에서 착안한 마음챙김은 존 카밧진 박사가 'MBSR'이라는 구체적인 스트레스 완화 프로그램으로 실용화하면서 급속도로 확산됐다. 지금은 전 세계 약 800여 개 의료 기관에서 통합 보완의학으로 마음챙김을 활용하고 있다. 뿐만 아니라 심리 상담, 교육계, 법조계, 경찰관과 소방관, 일반 기업 등 다양한 분야에서 활용되고 있다. 이미 서양에서는 마음챙김 명상이 사회 각 분야로 깊숙이 스며들었다.

무엇이 행복인가라는 질문에 대해 저마다 다른 답을 내리듯이, 마음챙김에 관한 정의도 하나로 고정되어 있지 않다. 단순한 개념이 아닌 만큼 전문가들마다 조금씩 달리 정의한다. 그중에서 "독특한 방식으로 주의를 기울임으로써 계발되는 자각으로, 현재의 순간에 어떤 판단도 하지 않고 의도적으로 주의를 기울이는 것"이라는 존 카밧진 박사의 말이 널리 인용된다. MSC(Mindful Self-Compassion, 마음챙김 자기연민) 개발자인 크리스토퍼 거머(Christopher K. Germer) 박사는 마음챙김을 "현재의 경험을 수용적인 태도로 알아차리는 것"이라고 정의한다.

마음챙김을 쉽게 표현하면 주의력, 집중력 강화 훈련이라고 할 수 있다. 또 자기 자신을 객관적으로 관찰하는 것이기도 하다. 열린 마음과 호기심을 가지고 매 순간을 새롭게 보는 것이다. 외부의 자극에 자동적으로 반응하는 것이 아니라 선택적으로 대응하는 방식이다. 이러한 점에서 마음챙김은 단순한 기술이 아니라 삶을 살아가는 존재 방식이기도 하다. 신비스럽거나 종교적인 것이 아니라 인간이 가지고 있는 보편적인 능력인 주의력을 활용해 누구나 쉽게 계발할 수 있다. 피트니스 센터에서 신체 근육을 단련하듯이 주의력 훈련(attention training)인 마음챙김은 마음 근육을 강화시킨다. 마음 근육이 강화되면 누구나 다양한 형태로 효과를 경험하게 된다.

마음챙김의 기본은 호흡이다. 마음챙김의 신기원을 연 존 카밧진 박사가 1993년에 펴낸 《존 카밧진의 왜 마음챙김 명상인가?》는 미국에서만 100만 부 이상 팔린 밀리언셀러이자 전 세계 20여 개 이상의 언어로 번역된 책으로 세상에서 가장 많이 팔린 마음챙김 명상 책이라고 해도 과언이 아니다. 이 책에서 존 카밧진 박사는 호흡이 특효약이 될 수 있다는 메시지를 전했다. 우리는 하루에 2만 번가량 숨을 쉰다. 그런데 그러는 동안 단 하나의 숨에라도 주목한 적이 있을까. 호흡 관찰은 우리 마음이 방황할 때 있는 그대로의 본성으로 되돌아가게 하는 닻줄과도 같은 역할을 한다. 단지 호흡 하나만으로도 충분히 의미 있고 여유롭게 살아갈 수 있다. 무엇보다 호흡은 부정적 감정에 휩쓸려 정처 없이 떠내려가는 마음을 단박에 붙잡아줄 수 있다. 마음이 아프든, 누군가에게 괴롭힘을 당하든, 변화를 꿈꾸든, 우리는 항상 숨 쉬고 있다.

"매일 가끔씩 멈추고 앉아서 당신 자신의 호흡을 인식해보라. 그 시간이 5분일 수도 있고 단 5초일 수도 있을 것이다. 현재 순간과 당신이 느끼는 것들, 당신이 인지하는 주변 모든 일들을 있는 그대로 받아들여라. 그저 호흡만 하라. 호흡을 하며 존재하라. 뭔가를 변화시켜야 한다는 생각은 잊어라."

_ 존 카밧진, 《존 카밧진의 왜 마음챙김 명상인가?》

명상의 시작과 끝, 호흡

조용한 방 안에서 종소리를 들어본다고 가정하자. 만약 그 소리를 주의 깊게 들었다면, 이미 당신은 마음챙김 명상을 원숙하게 해낸 것이라고 말할 수 있다. 마음챙김이란 이렇게 '지금 이 순간에, 어떤 의도를 가지고, 판단하지 않고, 다만 알아차리는' 자각(自覺)이다. 이러한 주의력은 인간이라면 누구나 가지고 있는 보편적 능력이다.

마음챙김을 계발하면 우리는 자신을 돌보고 사랑하는 능력을 키울 수 있다. '자기 돌봄'이란 쉽게 말하면, 건강한 음식을 먹고, 피곤할 때 쉬고, 아플 때 약을 먹는 것처럼 우리가 이미 잘하고 있는 것들이다. 하지만 스트레스를 받는 상황이라면 생각만큼 쉽지 않을 것이다. 원치 않는 일이나 사람과 마주해야 하는 순간부터, 목표를 달성하기 위해 고군분투하다 일어나는 피곤함, 직장이나 가정에서 겪는 불편한 상황에 이르기까지 삶은 우리의 기대와 어긋날 때가 많다. 이런 스트레스 상황에서는 불쾌한 신체 감각이나 힘든 감정 또는 부정적인 생각들에 주의가 자동으로 집중되면서 더한 괴로움을 낳게 마련이다. 이럴 때 자신을 돌보기 위해서는 일단 주의를 현재 순간으로 되돌려놓아야 한다. 현재에 주의를 두는 가장 쉬운 방법은 바로 이 순간의 호흡에 집중하는 것이다. 스트레스를 느낄 때 현재 순간의 호흡에 주의를 집중하면 어떤 일이 일어날까?

뇌과학자들의 연구에 따르면, 우리 뇌는 한 번에 한 가지 정보만 처리할 수 있다고 한다. 그러므로 주의를 '호흡'에 두면, 먼저 그 순간 힘든 감정이나 부정적인 생각이 들어설 자리를 잃게 된다. 이윽고 스트레스로 인해 긴장했던 몸과 마음이 서서히 이완되기 시작한다. 그러면 마음에 여유가 생겨나면서 불쾌한 신체 감각, 생각, 감정에서 한 걸음 물러나 지켜보는 능력이 커지게 된다. 이를 통해 스트레스 상황에서 자기를 돌보는 가장 적절한 대응법을 선택할 수 있다.

이러한 일련의 과정을 거쳐서 우리는 마음챙김을 통해 스트레스로부터 자신을 보호하고 돌볼 수 있다. 뿐만 아니라 조금 더 차분하고 명료하게 스트레스에 대처할 수 있게 된다. 마음챙김 명상은 언제 어디서든 누구나 할 수 있다. 특정 종교나 이념과 상관없는 보편적인 수련 방법이다. 그래서 전 세계 많은 사람이 마음챙김 명상에 참여하고 있다.

명상 중에 잡념이 일어나는 건 당연한 것이다. 마음속에서 이런저런 생각이나 감정이 일어나는 것은 아주 자연스러운 일이다. 그러니 주의가 다른 곳으로 벗어나 있다면, 그저 그것을 알아차리고 다시 숨의 감각으로 편안히 돌아와 집중하면 그만이다. 또 들숨을 알아차리고 날숨에 하나, 둘, 이렇게 다섯까지 세는 것을 반복한다. 어지럽게 일어나는 생각이나 감정 혹은 졸음이 와서 숫자 세는 것을 깜빡 잊을 수도 있다. 그래도 자책하거나 스스로를 비난히지 않는다. 처음엔 원래 그런 것이다. 툴툴 털어버리고 온화한 주의력으로 다시 하나부터 시작한다. 숨결을 따라 부드럽게 지금 여기로 돌아온다.

주의가 자꾸만 숨에서 벗어난다고 해도 걱정하지 말자. 주의를 기울이는 것이 쉬워 보일 수 있지만, 실제로 우리 마음은 끊임없이 이러저러한 생각들로 떠도는 습관을 갖고 있다. 원하는 대상에 온화한 주의를 지속적으로 유지하기란 원래가 쉽지 않다. 우리 생각은 야생마처럼 예측하기 어렵고, 어떨 때는 맹수처럼 사납게 날뛸 때가 많기 때문이다. 그럴 때는 다만 '마음이 떠도는구나' 하고 그 사실을 인지하면서 다시 온화한 주의를 호흡으로 되돌려놓는 연습을 거듭하면 된다.

신체의 성장이든 정신의 성장이든, 핵심은 반복 숙달이다. 몸의 근육을 만들려면 매일 훈련해야 하는 것처럼 마음챙김의 근육을 키우기 위해서도 매일 반복적으로 알아차림을 훈련하는 것이 중요하다. 이러한 훈련을 꾸준히 이행하다 보면 점차 마음이 차분해지고 명료해진다. 자기 자신과 자신을 둘러싼 현실을 직시할 수 있는 통찰력도 커지게 된다. 우리가 이 세상에 태어나서 가장 먼저 하는 일은 숨을 들이마시고 내쉬는 일이다. 이렇듯 삶의 근본은 호흡이다. 삶이 덧없거나 혼란스러울 때는 초심을 되새기며 마음을 다잡듯이 호흡으로 돌아와야 한다.

하루 한 번
마음을 다해 숨 쉬어라

차드 멍 탄(Chade Meng Tan)은 세계 최대의 IT기업 구글(Google)의 엔지니어이자 명상가로 유명한 인물이다. 베스트셀러《너의 내면을 검색하라》의 저자로 세계 각지를 돌며 불교 수행을 전파하고 있다. 그는 구글에서 세계적으로 유명한 신경 과학자와 심리학자, 선승(禪僧)들을 초청해 명상에 기반한 정서 지능과 리더십 향상 교육 프로그램인 '내면검색(Search Inside Yourself)'을 만들었다. 현재 이 프로그램은 구글을 비롯한 실리콘밸리의 페이스북, 링크드인 같은 기업에서 널리 운영되고 있다.

그가 말하는 명상이란 '잡다한 생각을 내려놓아 마음을 안정시키는 능력을 기르는 것'이다. 그것은 결코 어렵거나 복잡한 길이 아니다. 하루에 한 호흡만이라도 집중해서 하면 그만이다. 호흡에 집중하면 자동적으로 숨이 느려지는 것을 확인할 수 있다. 길고 깊은 숨이 척추 신경을 자극해 혈압과 심박수가 낮아진 결과다. 천 리 길도 한 걸음부터다. 이 작은 실천을 생활 속에서 꾸준히 반복하면 엄청난 삶의 변화를 이룰 수 있다. 과거에 대한 후회와 미래에 대한 두려움으로부터 자유로워질 수 있다. 하루에 한 번만이라도 온 마음을 담아 숨을 쉰다면 현재에서 완벽하게 행복한 삶을 살 수 있다.

명상의 시작이 호흡인 이유는 나의 현실로 돌아오기 위해서다. 호흡에 집중하다 보면 잡다한 번뇌를 떨칠 수 있다. 과거에 대한 미련, 미래에 대한 걱정 등을 떨치고 오직 지금 이 순간의 나 자신을 또렷하게 응시할 수 있다. 나의 진짜 현실을 마주할 수 있는 것이다. 마음챙김 명상의 핵심은 '온화한 주의 기울이기'다. 모든 생명은 숨을 쉰다. 밥을 먹을 때도 숨을 쉬고, 타인과 다툴 때도 숨을 쉬고, 딴생각을 할 때도 숨을 쉰다. 호흡에 집중하다 보면 그것이 얼마나 소중한 것인지 절실히 깨달을 수 있다. 우리가 사랑할 때 연인의 말 한마디한마디에 집중하는 것처럼, 호흡에 온화한 주의를 기울이면 나를 진정으로 사랑하는 방법을 배울 수 있다.

인생은 자극과 반응의 연속이다. 무언가가 또는 누군가가 우리를 자극하면, 우리는 그에 적절하게 반응하며 불리한 상황을 모면하거나 삶의 위기를 극복한다. 부정적인 자극일수록 주의 집중력은 커지게 마련이다. 때로는 머리끝까지 신경이 곤두서기도 하고 밤잠을 설치기도 한다. 그런데 우리가 대상에 주의를 둘 때는 비평가처럼 냉정할 수도 있고, 아이를 보살피는 엄마의 손길처럼 따뜻하고 친절할 수도 있다. 만일 누군가가 취조하는 형사처럼 냉정하고 날카롭게 당신에게 주의를 기울인다면 어떤 느낌이 들까. 아마도 긴장하거나 위축되거나 불쾌감과 공포감을 느끼게 될 것이다. 반대로 엄마가 아픈 아이를 보살피듯 매 순간의 경험에 부드럽고 친절하게 온화한 주의를 기울인다면 어떨까. 긴장이나 집착을 내려놓고, 더 안정되고 열린 마음으로 마음챙김 수행을 할 수 있게 된다.

삶의 의미를 쪼개고 쪼개다 보면 마지막에 호흡이 남는다. 살아 간다는 것은 결국 숨을 쉰다는 것이다. 자면서 꿈을 꿀 때도 숨을 쉬며, 당신이 현실에서 이루고픈 어떤 꿈을 품었든 일단은 숨부터 쉬어야 한다. 억만금을 가지고 있다 하더라도 숨을 쉬지 못한다면 막대한 재물은 아무 소용이 없다. 그래서 호흡에 집중한다는 건 삶의 진짜 의미에 집중하는 것이고 진정한 자아에 몰입하는 것이다. 아울러 내 몸이 없다면 나는 호흡할 수 없다. 호흡이 삶의 시작이라면 신체는 삶의 바탕이다. 그러므로 나를 사랑하는 일이란 나의 호흡과 신체를 사랑하는 일이다. 사람은 자신을 사랑한다면서 야망을 좇고 끊임없이 자신을 혹사한다. 그러나 심지어 부모님이라도 나의 호흡과 신체를 대신할 수는 없다. 그런 의미에서 바디 스캔(Body Scan)은 나를 사랑하는 일이다.

내 몸을 사랑하는 법
: 바디 스캔

바디 스캔은 내 몸을 사랑하는 연습이고 나를 사랑하는 연습이다. 생각으로 하는 일종의 '전신 마사지'이다. 온몸 구석구석에 관심을 갖고 숨을 불어넣으면서 마음의 여유로움과 너그러움을 회복하는 방법이다. 삶의 시작은 호흡이고 삶의 바탕은 신체다. 나를 살아가게 하고 나를 나이게 하는 이 몸에 친절한 주의를 기울이면 그 자애심이 나를 둘러싼 세상으로 퍼져나가게 된다. 나를 진정으로 사랑할 줄 아는 사람만이 남을 사랑할 수 있고 세상을 위해 기여할 수 있는 법이다. 하루 중 언제라도 친절한 방식으로 주의를 두어 몸의 감각을 알아차려 보자. 힘들고 지치는 순간 자신을 돌보는 데 큰 도움이 될 것이다.

누구나 일상에서 쉽게 따라 할 수 있는 바디 스캔 연습법을 정리해둔다. 지금 잠깐 시간을 내어 안내에 따라 자신의 몸에 주의를 기울여보기 바란다. 이 외에도 필자가 개발한 '하루명상' 앱에서 다양한 바디 스캔 음원을 제공하고 있으니, 본인에게 필요한 콘텐츠를 골라서 경험해볼 것을 추천한다.

먼저 편안하고 안정된 곳을 찾아서 앉는다. 의자나 방석에 허리를 곧게 펴고 앉은 다음, 눈은 편안히 감거나 자연스럽게 떠도 좋다.

양손은 손바닥이 위로 향하게 하여 무릎 위에 가볍게 올려놓거나 아니면 손바닥을 아래로 향하게 해 무릎 위에 부드럽게 올려놓는다. 가슴은 활짝 열어 편안히 내려놓는다. 전체적인 자세가 편안하면서도 의젓한 느낌이 들도록 한다. 얼굴에도 힘을 뺀다. 부드럽게 미소를 짓는다. 편안하게 호흡하면서 밖을 향해 열려 있던 마음의 창문을 살며시 닫는다. 지금 이 순간 이곳으로 자기 자신을 반갑게 초대한다.

이제 천천히 코로 숨을 깊게 마시고 입으로 길게 내쉬면서 온몸의 힘을 풀어본다. 다시 한번 코로 숨을 깊게 마시고 입으로 끝까지 내쉬면서 긴장을 내려놓는다. 숨을 내쉴 때마다 몸의 중심이 아래로 내려가는 듯한 무게감을 느껴본다. 코로 숨을 깊게 마시고 입으로 길게 내쉰다. 자연스럽고 편안하게 자신의 리듬에 맞추어 호흡한다. 호흡으로 주의를 가져와서 들숨과 날숨의 감각을 느껴본다. 가슴이나 배가 부풀었다 가라앉는 감각에 주의를 유지한다.

이제 두 발의 감각을 느껴본다. 발가락, 발바닥, 발뒤꿈치, 발등, 발목, 발 전체가 지금 어떤 느낌인지 살펴본다. 간지러움이든 저림이든 뻐근함이든 얼얼함이든, 어떤 감각이든지 알아차린다. 감각이 느껴지지 않는다면, 억지로 느끼려 하지 말고 그냥 감각이 없음을 알아차린다. 반대로 만약 강렬한 감각이나 불편감이 느껴진다면, 있는 그대로 받아들인다. 좋은 감각이니 나쁜 감각이니 따지지 않는다.

다음은 두 발의 발바닥 한가운데로 숨을 쉰다고 상상해본다. 따스한 숨이 두 발바닥 한가운데로 들어오고, 두 발바닥 한가운데로 숨이 나가면서 발이 편안해진다.

천천히 주의를 발목 위쪽으로 이동해서 종아리와 정강이 부위를 알아차려 본다. 친절함의 감각을 다시 한번 일깨우면서 무릎 전체를 느껴본다. 허벅지 부위에 따스한 주의를 기울여서 감각을 알아차려 본다. 만일 주의가 몸의 감각에서 벗어나 다른 곳에 가 있다면, 방황하는 마음을 알아차리고 살짝 미소를 짓는다. 그리고 부드럽게 다리의 감각으로 돌아온다. '지금 내 몸에 친절한 주의를 기울이고 있다'라고 스스로에게 일깨워준다.

이번에는 허벅지에서 발끝까지 두 다리 전체를 하나로 느껴본다. 들숨에 다리 전체로 부드럽게 숨을 불어넣고, 날숨에 다리 전체가 편안하게 내려앉는다고 상상한다. 그대로 주의를 엉덩이와 골반 부위로 옮겨온다. 엉덩이가 방석이나 의자에 닿는 촉감, 몸의 무게가 바닥을 누르는 촉감, 골반 안쪽의 촉감을 그대로 느껴본다. 이 부위 전체로 숨이 따스하게 스며들고, 숨이 나가면서 엉덩이와 골반이 부드러워질 것이다.

한 걸음 나아가 허리를 느껴본다. 친절한 주의를 보내면서 판단하지 않고 감각을 있는 그대로 알아차린다. 허리로 숨을 불어넣고, 숨이 나갈 때는 부드럽게 이완한다.

등 쪽으로 올라와서 등 전체를 알아차려 본다. 어떤 감각이든지 바꾸려고 하지 않고 있는 그대로 관찰한다. 들숨에 등 부위로 활력과 에너지가 들어오고, 날숨에 등의 경직됨이 부드럽게 풀려나간다.

주의를 허리에서 배로 가져온다. 배의 감각에 온전히 주의를 기울인다. 숨이 들어올 때 배가 부풀고, 숨이 나갈 때 등 쪽으로 가라앉는 감각, 배 안쪽의 감각을 느껴본다. 배로 숨을 불어넣고, 숨이 나가면서 배 전체가 부드럽고 따뜻해진다.

가슴 부위로 주의를 가져와서, 숨이 들어오고 나갈 때 가슴이 움직이는 감각을 관찰한다. 가슴 전체로 숨이 따스하게 흘러들고, 숨이 나가면서 가슴이 편안해진다.

주의를 양쪽 어깨로 가져온다. 단단하거나, 욱신거리거나, 찌릿한 감각이 느껴질 수도 있다. 어떤 감각이든지 좋거나 나쁘다고 구분하지 않고 있는 그대로 지켜본다.

천천히 어깨에서 주의의 범위를 넓혀 위팔과 팔꿈치, 아래팔, 손목, 손등, 손바닥, 손가락, 손끝을 알아차린다. 어깨와 팔, 손 전체로 따스한 숨이 들어오고, 숨이 나갈 때 긴장감이 천천히 손끝으로 흘러나간다.

주의를 목 부위로 옮겨온다. 바깥쪽 피부 전체, 근육, 목구멍 안쪽의 감각을 느껴본다. 목 전체로 숨을 불어넣고, 숨이 나갈 때는 목이 부드럽게 풀어지는 기분을 느낀다.

이제 머리 전체에 친절한 주의를 기울인다. 이완감이든 긴장감이든, 어떤 감각이든 있는 그대로 알아차린다. 맑고 향기로운 숨이 머리로 스며들고 나가면서 머리가 한결 가벼워진다.

그대로 얼굴 부위로 주의를 밀어 올린다. 이마에서 턱 끝까지 얼굴 전체의 피부와 근육의 감각을 느껴본다. 얼굴로 숨을 불어넣으면, 숨이 나갈 때 얼굴이 환하고 부드러워진다. 숨을 들이쉬고 내쉬면서 입꼬리를 살짝 올려 부드럽게 미소를 지어본다.

이제 주의의 범위를 머리끝부터 손끝과 발끝까지 몸 전체로 넓혀본다. 밝고 따뜻한 빛이 온몸을 비추듯 따뜻한 주의를 몸 전체에 보내준다. 몸 전체로 숨이 들어올 때 신선한 활력이 차오르고, 숨이 나갈 때 몸이 편안하게 달래진다. 잠시 숨 쉬는 몸을 느끼면서 편안하게 호흡한다. 그리고 5초간 호흡을 정지한다. 몸의 편안한 감각을 충분히 느낀 뒤에 다시 숨을 들이마시고 내쉰다.

판단하지 말고
경험하라

우리는 하루에도 수없이 많은 판단을 하면서 살아간다. 점심으로 먹은 음식 맛이 이렇다 저렇다, 오늘 만난 거래처 사람의 성격이 이렇다 저렇다 하는 식으로 말이다. 외부 대상뿐만 아니라 자신의 현재 상황이나 과거의 기억 그리고 미래에 대해서도 '좋다-싫다', '옳다-그르다', '불안하다-희망적이다'와 같이 끊임없이 재단하고 평가내린다. 물론 판단은 현실을 정확히 직시하고 문제의 본질을 파악하는 데 매우 유용한 도구이다. 그러나 모든 판단이 우리를 행복으로 이끌지는 않는다.

예를 들어 "나는 너무 부족해" 또는 "나만 불행해"라는 주관적인 판단을 사실로 믿게 되면, 이후 일어날 일들을 사실이 아닌 판단에 의존하게 된다. 자신의 부정적 생각이 만든 감옥에 스스로 갇히는 것이다. 그러면 상황을 지나치게 비관적으로 해석하거나 다가오는 기회를 지레 겁먹어 포기할 수도 있다. 명상의 장점 가운데 하나는 판단을 하되 판단에 사로잡히지 않는 방법을 배울 수 있다는 것이다. 연습이 숙달되면 과거의 실패를 훌훌 털고 일어날 수 있다. 남이 무어라 하든 내 갈 길을 갈 수 있다.

호흡을 알아차리다 보면 마음에서 어떤 평가나 판단이 일어나게 된다. 예를 들어 "호흡이 뭔가 잘못되었어" 또는 "나는 잘 안 되는 것 같아"라는 생각 말이다. 이렇게 자책감이나 열패감이 일어날 때는 "아! 내가 조금 전의 경험에 대해 판단을 했구나" 하고 알아차리는 것이 중요하다. 그리고 매 순간 쉴 새 없이 판단을 만들어내는 마음에 친절하게 미소 지어준다. 이후 다시 호흡의 감각에 주의를 기울인다. 들숨의 처음부터 끝까지 매 순간의 감각을 느끼고, 날숨의 처음부터 끝까지 전 과정을 알아차린다.

때로는 자주 나쁜 생각에 빠져들어 호흡을 놓치고 시간이 하염없이 흐르기도 한다. 이를 알아차렸을 때는 마음이 어떻게 반응하는지 유심히 지켜본다. 핵심은 판단이 사실이 아니라 그저 판단일 뿐임을 직시하는 것이다. 이를테면 "명상이 제대로 되고 있지 않아", "나는 명상에 소질이 없나 봐" 같이 어떤 판단이 일어나면, 이때 부드럽게 '판단'이라고 이름을 붙여준다. '내가 명상을 잘하지 못한다'라는 것은 객관적 사실이 아니라 그저 주관적 판단일 뿐인 것이다. 일상생활에서도 그러하다. 나에 대한 남들의 비난이나 험담도 객관적 사실이 아니라 그의 주관적 판단에 불과하다. 그럴 때는 내가 내 인생을 사는 것처럼 그들도 그들 인생을 사는 것일 뿐이라고 여기며 가볍게 무시한다. 가뿐한 마음으로 다시 호흡에 주의를 되돌려 들숨과 날숨을 알아차리면서 숨을 쉰다. 들숨에서 날숨으로 변화하는 감각, 날숨에서 들숨으로 이어지는 감각을 느껴본다.

바디 스캔을 할 때도 마찬가지다. 만일 허벅지의 느낌에 집중하고 있는데 긴장감이나 통증 같은 불편한 감각이 있다면, 이 감각에 대해 마음이 얼마나 즉각적으로 판단을 만들어내는지 알아차려 본다. "이 감각이 싫어" 또는 "이 감각을 원하지 않아" 같은 판단이 일어난다면, '판단하는 마음이 일어났구나' 하고 무심히 넘겨버리고 다시 허벅지의 감각으로 돌아오면 된다. 허리든 등이든 발바닥이든, 신체 어느 부위에서나 그런 느낌을 받을 수 있고 삶에서 느끼는 긴장감이나 통증도 그러하다. 마음이 감각을 유쾌함이나 불쾌함으로 규정하고 있다면 '판단'이라고 이름 붙이고 다시 주의를 되돌린다. 삶에서 느끼는 이런저런 감정들도 '감정'이라고 적은 낙엽에 지나지 않는다.

오늘 하루 자신의 경험과 주변 상황, 사람들에 대해 이런저런 판단이 일어날 때, 그것을 판단이라고 알아차리는 연습을 해보자. 그리고 판단하고 있음에 대해 옳고 그름을 따지지 말자고 스스로에게 다짐을 해보자. 오늘 하루 기분이 어떠했든, 인생이 그다지 잘 풀리지 않는다고 느껴지는 것도 다 판단일 뿐이다. 판단이란 게 본래 자동적으로 일어나는 마음의 반응임을 자각한다면 그걸로 충분하다. 마음챙김은 현재 순간에, 판단하지 않고 주의를 기울여서 경험을 있는 그대로 순수하게 알아차리는 자각이다. 모든 판단이 다 옳은 것도 아니고 다 맞는 것도 아니다. 오히려 판단이란 어느 정도 편견일 가능성을 갖고 있다. 판단이 언제나 정확한 것은 아니며 실제와 다를 수 있다는 가능성을 열어둔다면 상황을 좀 더 명료하게 바라볼 수 있을 것이다. 일정하게 실패하고 좌절할 수밖에 없는 게 인생이다. 틀렸다고 너무 낙담할 것 없다. 내일은 온다.

바꿀 수 없는 것에 대한
걱정을 버려라

삶에서 원치 않는 경험을 할 때, 으레 우리는 그 경험을 부정하거나 바꾸려고 애쓴다. 그렇게 하면 상황이 나아질 것이라고 기대하기 때문이다. 하지만 인생은 불가항력의 연속이다. 자신의 힘으로는 도저히 바꿀 수 없는 일에 바득바득 저항하면 소득 없이 에너지만 소모하게 마련이다. 또한 저항에 뒤따르는 분노, 짜증, 불안과 같은 부정적인 감정에 휩싸여 현실을 직시하기 어렵게 된다. 급기야 정신적으로 피폐해지기 십상이다. 심리학자 스티븐 헤이즈(Steven C. Hayes)의 연구에 따르면, 불쾌한 경험이나 감정의 회피는 우울증과 불안장애 같은 마음 병의 핵심 원인이다.

반면 어떠한 경험이든 그것을 있는 그대로 온전히 수용할 때 진정한 변화로 가는 길이 열리게 된다. 여기서 중요한 것은 수용이라는 개념이 결코 포기나 체념이 아니라는 것이다. 수용은 선택과 집중이다. 우리가 변화시킬 수 있는 것을 분명하게 알고, 변화시킬 수 없는 것에 대해선 신경 쓰지 않는 태도이다. 행복의 지름길은 내가 할 수 있는 것과 할 수 없는 것을 명확하고 냉철하게 구분 짓는 일이다. 말하자면 근본적인 수용은 우리를 수동적으로 만드는 것이 아니라, 현실을 직시하고 적극적으로 변화를 창조해 나가도록 하는 힘의 원천이다.

명상을 하면서 불편한 부위에 친절한 주의를 기울인다. 그리고 그 감각이 가장 강하게 느껴지는 부위에 초점을 맞춘다. 그 부위로 숨이 들어가고 나간다고 상상하면서 숨을 들이쉬고 내쉰다. 몸으로 느껴지는 감각을 굳이 바꾸려 하지 않으면서 있는 그대로 분명하게 살펴본다. 이 감각에 자신이 어떻게 반응하고 있는지 열린 마음으로 바라본다. 특정한 신체 감각에 불편함을 느끼는 것은 지극히 자연스러운 일이다. 문제 될 것 없다. 그 감각을 부정하면서 저항하고 있다면, 그러한 부정과 저항의 반응까지도 친절한 주의로 알아차린다. 감각을 바꾸려고 애쓸 때 몸과 마음에서 일어나는 긴장을 느껴본다. 그렇게 느껴지는 감각들을 그냥 받아들이고 숨을 내쉴 때마다 흔쾌히 허용한다.

감각은 간지럽거나, 따끔거리거나, 딱딱하거나, 욱신거리거나 그 밖에 다른 느낌일 수 있다. 그 감각의 특성이 어떻고 순간순간 어떻게 느껴지는지, 편안하고 따스한 마음으로 지켜본다. 감각을 억지로 바꾸려고 하지 않는다. 우리는 다만 열린 마음으로 감각을 탐험하고 있을 뿐이다. 그 감각 속으로 숨을 불어넣고 내쉬면서 있는 그대로 내버려 둔다. 감각이 일어나고 머물다가 사라지는 과정을 그저 관찰한다. 매 순간 감각을 알아차리면서 감각을 온전히 수용하고 있는지, 아니면 저항하고 있는지 똑똑히 지켜본다. 어떤 경험도 억지로 바꾸거나 외면하거나 부정하려 하지 말고 함께 호흡하며 있는 그대로 내

버려 둔다. 들숨과 날숨의 감각에 주의를 기울이면서 자연스러운 호흡의 리듬에 올라탄다. 숨을 들이쉬는 몸을 알아차리고, 숨을 내쉬는 몸을 느껴본다. 숨의 감각과 함께 현재 순간에 닻을 내린다.

몸에서 불편감이 느껴질 때 억지로 편안해지려고 하면, 오히려 몸은 더 긴장하고 마음은 지칠 것이다. 신체 감각만 그런 것이 아니다. 일상의 모든 경험이 전부 그렇다. 오늘 하루 슬프고 괴로운 일이 있었다면, 방금 연습했던 수용의 태도를 떠올려 보기 바란다. '받아들임'은 가장 평화롭고 강력한 안식처이다. 어떤 일이든 부정과 회피와 저항 없이 온전히 받아들일 줄 아는 연습이 핵심이다. 거듭 말하건대 행복의 열쇠는 수용이고, 수용은 포기와 체념이 아니라 선택과 집중이다. 변화시킬 수 없는 것에 대한 걱정을 멈춰라. 그리고 받아들임의 힘으로, 내가 반드시 변화시킬 수 있는 것에 대해서는 과감하고 꾸준하게 행동하라.

마음의 풍경을 바라보라

어떤 사람들은 명상을 하니까 오히려 생각이 더 많아졌다고 염려하기도 한다. 잡념을 없애자고 하는 게 명상인데 되레 잡념이 많아지니 자연스레 명상의 효용성을 의심하게 된다. 하지만 그것은 당연한 현상이고 심지어 바람직한 현상이다. 온화한 주의를 현재에 집중하면서 그만큼 머리가 맑아진 덕분이다. 전에는 미처 의식하지 못했던 생각이 명상을 통해 또렷해졌기 때문이다. 그러므로 명상 중에 이런저런 생각이 많이 일어난다고 해서 걱정할 필요는 없다. 고요하든 산만하든 현재 마음 상태를 분명하게 알아차리고만 있다면, 마음챙김을 제대로 유지하고 있는 것이다.

마음에서 일어나는 갖가지 생각이나 감정을 좋고 싫음이나 옳고 그름으로 여기지 않고, 그저 마음에 떠돌아다니는 풍경으로 바라볼 수 있다면 어떨까. 판단에 사로잡히지 않고 있는 그대로 수용하면서 친절하게 내면에 주의를 기울일 때, 생각이나 감정에서 한 걸음 물러나 그것들을 관찰하면서 무심히 흘려보낼 수 있게 된다. 아울러 생각과 감정의 아우성 때문에 들리지 않던 내면의 고요하고 현명한 목소리도 발견할 수 있게 된다. 이로써 생각과 감정에 휩쓸려서 무의식적이고 신경질적으로 반응(react)하던 패턴에서 빠져나와 의식적으로 자신의 응답(respond)을 선택할 수 있는 상태가 가능해진다.

호흡에 대한 주의 집중이 어느 정도 이뤄지면 온화한 주의를 내면으로 거두어들인다. 지금 이 순간 마음에서 어떤 생각이 일어나는지 어린이 같은 호기심을 가지고 살펴본다. 그것은 과거의 기억이나 미래에 대한 계획, 어떤 이미지나 일정한 줄거리를 가진 이야기 등 다양할 수 있다. 다만 생각 하나하나를 따라가거나 그 내용에 빠져드는 것은 경계해야 한다. 마음에서 일어나는 하나의 사건으로 취급하며 멀찍이 떨어져 관찰하기만 한다. 마치 도로를 달리는 차량의 흐름을 멀리서 지켜보듯이, 마음속에서 생각들이 일어났다가 지나가는 것을 그저 바라보기만 한다.

알아차림을 유지하면서 내면의 풍경을 바라보기란 쉽지 않다. 잡념은 인간의 자연스러운 본능이기 때문이다. 잡념이 계속 일어나는 까닭은 우리의 생존과 직결돼 있다. 누가 나를 해치려고 하지 않는지, 나에게 이득이 되는 것들이 어디 있는지, 자기 자신의 안위를 지키기 위해 주위를 끊임없이 경계하다 보면 생각이 많아질 수밖에 없다. 그러므로 언제든 생각이 만들어내는 이야기로 여기저기 끌려다니면서 알아차림을 놓쳐버리기 일쑤다. 그럴 때는 마음이 스스로 안정될 때까지 호흡이나 몸의 감각에 주의를 집중한다. 호흡에 '하나, 둘, 셋' 하고 숫자를 붙여보는 것도 도움이 되는 방법이다. 이후 마음이 충분히 안정되면 다시 내면의 풍경을 바라보는 연습을 계속해간다.

생각이 많이 일어날 때 우리는 마음을 억지로 고요하게 만들려고 애쓴다. 그러면 외려 긴장감과 불편감이 커지면서 몸과 마음이 더욱 힘들어진다. 그러니 애쓰는 마음이 있다면 '내가 지금 애를 쓰고 있구나' 하고 알아차리고 자연스럽게 흘려보낸다. 그리고 계속해서 주의의 초점을 내면의 풍경에 기울인다. 하늘에 흘러가는 구름을 바라보듯이 생각이 일어나서 잠시 머물다 사라지는 과정을 편안하게 지켜본다. 비슷한 방식으로 어떤 충동이나 욕구, 집착이 일어나더라도 그저 알아서 지나가도록 내버려 둔다.

어떤 생각은 반복적으로 일어나면서 감정이나 신체의 감각에 영향을 주기도 한다. 이럴 때는 그 감정에 이름을 붙여본다. 예를 들어 '불안', '초조함', '두려움' 같이 이름을 붙인 다음 그 감정이 몸의 어디에서 느껴지는지 알아본다. 어깨의 뻐근함이든, 머리의 묵직함이나 가슴 안쪽의 두근거림이든, 몸의 감각과 함께 호흡하면서 감정을 있는 그대로 느껴본다. 그 감정이 얼마나 지속되다가 사라지는지도 확인한다.

당신의 마음속 풍경은 어떠했는가? 처음에는 조금 어렵게 느껴질 수도 있다. 괜찮다. 새로운 악기나 운동을 배울 때처럼 시간과 연습이 필요할 뿐이다. 마음챙김을 꾸준히 이어가면 스트레스 상황에서 호흡이나 몸의 감각으로 주의를 돌려올 수 있다. 뿐만 아니라 스트레스를 증폭시키는 생각이나 감정을 차분하게 지켜볼 수 있게 된다. 그러면 스트레스 반응은 약화되고 좀 더 차분한 대응이 가능해진다.

지금이 달라지면
내일이 달라진다

우리는 식당에 가서 메뉴를 정한다. 자기가 먹고 싶은 음식을 선택할 수 있다. 마음챙김의 효능도 이와 같다. 일상의 여러 상황 속에서 내가 원하는 대응을 선택할 수 있다. 나를 화나게 하는 상황에서도 차분하게 대응할 수 있다. 나중에 후회할 말이나 행동을 저지르지 않을 수 있다.

외부 자극을 접할 때 우리는 대부분 패턴화된 반응을 나타내게 마련이다. 정보를 접하면 그 정보가 자신의 가치관이나 신념, 과거 경험이나 지식 등의 필터를 거쳐 생각과 감정으로 만들어진다. 이렇게 만들어진 생각과 감정이 우리를 무의식적으로 지배하게 된다. 이른바 습관적인 자동조종(autopilot) 상태로 살아가게 되는 것이다. 이러한 관성적인 과정에 마음챙김이 개입해 교정에 들어가면 변화의 가능성이 생겨난다. 알아차림을 통해 정보를 접할 때부터 반응까지의 과정을 있는 그대로 관찰할 수 있게 된다. 나아가 이렇다 저렇다 분별하지 않고 현재를 직시하여 그 상황에 가장 적절한 대응을 선택할 수 있다. 감정에 휘둘리는 삶이 아니라 감정을 조종하는 삶, 자기 주도적인 삶을 확립할 수 있는 것이다.

마음챙김 수련은 생각이나 감정을 제거하거나 마음을 텅 비우는 훈련이 아니다. 오히려 어떤 생각이나 감정이든 자기 검열 없이 자연스럽게 일어나도록 허용하면서 단지 그것을 지켜보는 훈련이다. 알아차림의 힘이 커지면 점차 스트레스 상황에서 만들어진 힘들고 허망하고 불필요한 생각들로부터 빠져나올 수 있다. 분노에 사로잡혀 즉각적으로 반응하는 대신 더 차분하고 균형 잡힌 시각으로 상황을 인식할 수 있게 된다.

마음챙김은 스트레스 상황뿐만 아니라 삶의 전반적인 영역에서 모두 적용할 수 있다. 몸의 감각이나 내면의 경험, 주변 환경, 주어진 상황을 면밀히 관찰하다 보면 자신이 지금 어떤 상태이고 진정으로 원하는 것이 무엇인지 간파할 수 있다. 말 그대로 마음의 소리를 또렷이 듣게 되는 것이다. 이러한 자각을 바탕으로 우리는 다시 태어날 수 있다. 현재를 괴롭히고 미래를 가로막는 과거의 습관에서 벗어나 새롭고 용기 있는 행동을 선택할 수 있다. 그리고 새로운 행동은 새로운 결과를 낳으면서 현재를 변화시킨다. 인생에는 공짜가 없다. 오직 작은 결실들이 쌓이고 쌓여서 큰 결실이 이뤄지는 법이다. 지금 이 순간이 달라지면, 다음 순간, 또 그다음 순간이 변화하게 마련이다. 그렇게 매 순간 변화들이 차곡차곡 쌓이면 엄청난 미래를 창조한다.

마음챙김을 통해 명확해지는 것 중 하나가 바로 '착각의 발견'이다. 내면의 경험을 객관적으로 관찰하다 보면, 우리의 성장을 저해하는 부정적인 믿음 또한 머릿속에서 일어나는 생각일 뿐임을 통찰하게 된다. 어떤 생각을 믿고 그대로 행동하느냐는, 결국 자신의 선택에 달렸다는 것을 확신하게 된다. 궁극적으로 매 순간의 경험을 주의 깊게 살필 때 신체 감각, 생각, 감정 등 우리를 구성하는 요소들이 시시각각 변화한다는 사실도 깨달을 수 있다. 자신의 능력이 고정된 것이 아니며 스스로의 과감한 선택과 도전을 통해 얼마든지 향상하고 극대화할 수 있다는 걸 절감할 수 있다. 위기에 현명하게 대처할 수 있고 잠재력이 깨어난다. 스스로 만든 감옥에서 빠져나와 자신의 제한된 견해와 관점을 극복할 수 있다. 진정한 성장이 매일같이 일어난다.

마음챙김에 있어서 반복·숙달보다 더 훌륭한 스승은 없다. 마음챙김이 순간적인 기분 전환이 아니라 삶의 방식으로 완연하게 자리 잡게 하려면 반복해서 몸에 익히는 것이 좋다. 마음챙김 앱을 활용해 명상을 더 깊이 탐구해보자. 수행을 심화하고 싶다면 숙련된 지도자의 안내를 받을 수 있는 교육 기관이나 명상 센터를 직접 방문해 배움을 지속하기 바란다. 수행의 힘이 쌓이면서 마음의 힘이 증대될 것이다. 하루의 변화가 인생의 변화를 부를 것이다.

3
장

**현재를 온전히
살아가는 연습**

승자와 패자가
따로 없는 삶

명상은 삶을 변화시킨다. 그것도 아주 근본적으로 변화시킨다. 우리는 보통 삶을 변화시키겠다며 무언가를 쟁취하려 한다. 재물이든 명예든 권력이든 말이다. 그것들이 우리의 자존감을 높여주고 우리를 행복의 길로 이끌 것이라고 생각한다. 그래서 재물과 명예와 권력을 얻기 위해 자신의 실력을 기르거나 꼼수를 쓰거나 인맥을 넓힌다. 하지만 최종적으로 성공을 이루는 사람은 극소수일 뿐이다. 대부분은 부질없이 자신을 소진하고 학대하다가 별다른 소득 없이 지리멸렬해지기 십상이다. 하지만 명상을 통한 삶의 변화에는 따로 승리자와 패배자가 없다. 누구나 이룰 수 있다.

명상을 통해 다다를 수 있는 궁극의 지점은 '나'라는 존재가 본래 있는 그대로 온전하다는 사실을 깨닫는 것이다. 그 온전함과 충만함 속에서 매 순간 풍요롭고 행복한 삶을 살아가는 것이다. 하루의 일상을 마음챙김과 함께하면 우리의 삶을 변화시킬 수 있다. 아침에 일어나서 저녁 잠자리에 들 때까지 마음챙김과 함께할 수 있다면 삶이 점점 건강해질 것이다. 특히 몸을 움직이면서 하는 마음챙김은 효과가 더욱 크다. 걷기, 달리기, 운동하기, 설거지하기, 청소하기 등 우리는 매일같이 몸을 움직이면서 살아간다. 그때마다 마음챙김을 바탕으로 신체 활동을 하면 역동적인 명상을 할 수 있다.

아울러 일상 속에서 지속적으로 마음챙김을 하면 진정한 휴식을 얻을 수 있다. 일과를 보람차게 마친 뒤에 잘 자고 푹 쉬는 삶이 계속될 것이다. 현대인들은 뭔가를 열심히 하는 데 익숙해져 있다. 끊임없이 성취해야만 자기의 존재 의미가 드러난다는 생각에 좀처럼 일을 손에서 놓지 못하고 스스로를 채찍질한다. 쉬지 못하고 쉴 줄 모른다. 그러나 쉼은 건강한 삶을 위한 필수 요소이자 성장과 도약을 위한 핵심 자원이다. 충분하고 제대로 된 휴식 없이는 인생이라는 장거리 경주를 완주할 수 없다. 진정한 휴식은 뇌까지 쉬도록 하는 것이다. 그렇게 되면 허망한 욕심 때문에 부지런히 머리를 굴리면서 제풀에 피곤해지거나 번뇌를 자초하지 않아도 된다. 명상은 그러한 진짜 휴식으로 우리를 안내한다.

그러면 실제 명상이 어떻게 우리 삶 속에서 실천될 수 있는지 살펴보자. 필자가 개발한 '하루명상' 앱에서는 약 1,000여 개의 오디오 및 비디오 콘텐츠를 제공하고 있다. 그 가운데 몇 가지를 소개한다. 행복은 당신이 손만 내밀면 닿을 수 있는 아주 가까운 곳에 있다.

오늘부터 잘 살기
: 굿모닝감사미소 명상

하루의 성공은 하루의 첫걸음인 아침에 달려 있다. 새로운 하루가 시작될 때, 아침 시간을 어떻게 보내는지에 따라 그날 하루의 기분이 좌우된다. 아침나절에 몸과 마음을 돌보고 다잡는 굿모닝감사미소 명상을 통해 활기차고 편안한 하루를 준비할 수 있다.

방법은 간단하다. 먼저 침대에 누운 상태로 온몸에서 힘을 뺀다. 원한다면 의자에 앉아서 해도 좋다. 목과 어깨를 편안하게 이완하고 등과 허리의 긴장을 풀어준다. 두 팔은 몸통 옆에 자연스럽게 내려놓고 눈을 지그시 감는다. 그리고 주의를 호흡으로 가져온다. 천천히 코로 숨이 들어와 목구멍을 지나도록 한다. 이어서 숨이 가슴과 복부까지 들어갔다가, 다시 복부와 가슴에서 목을 지나 코로 빠져나가는 것을 느껴본다. 이렇게 호흡의 움직임을 충실히 느끼면서 몇 차례 들숨과 날숨을 이어간다.

은은하고 감미롭게, 아침 일찍 떠오르는 태양과 상쾌하게 불어오는 바람을 상상해보라. 바다도 좋고 산도 좋다. 그곳이 어디든 아침의 상쾌한 기운을 느낄 수 있는 장소를 상상한다. 밝고 따뜻한 태양 에너지가 온몸을 감싸는 느낌을 만끽한다. 상쾌한 공기가 느껴지고 부드러운 바람이 스쳐 간다. 아침의 상쾌한 공기와 에너지가 코끝을 살짝 때린다. 그 상쾌한 기운이 온몸으로 퍼지는 감각을 느껴본다. 태양을 계속 상상하면서 호흡의 자연스러운 리듬을 따라 온몸에 밝고 따뜻한 기운이 퍼져가는 것을 느껴본다. 입꼬리를 살짝 올려 미소를 짓고, 마음의 눈으로 눈꼬리를 살짝 내려 입꼬리와 연결해준다. 그렇게 하면 흡사 얼굴 전체가 둥근 태양처럼 밝게 빛나게 될 것이다. 얼굴이 안락하고 은은한 미소의 사랑스러움으로 가득해진다. 나는 태양과 같은 존재이기 때문이다.

만물에 생명력을 불어넣는 태양의 마음이 되어본다. 마음속으로 다음의 문구를 따라 되뇌면서 사랑과 감사의 마음을 가져본다. "오늘 하루 나에게 주어진 시간에 감사합니다. 이렇게 하루를 시작할 수 있음에 감사합니다. 사랑하는 사람들과 또 하루를 함께할 수 있음에 감사합니다." 한 번 더 마음속으로 똑같이 되뇌어본다. 그러고 나서 자신의 몸과 마음이 밝고 따뜻한 느낌으로 가득 차 있음을 알아차린다. 마지막으로 오늘 하루 내 몸과 마음에 지금의 이 상쾌함과 따뜻함이 끝까지 함께할 것임을 기억하며 명상을 마무리한다.

'내가 무심코 지나쳐버린 오늘은 시한부 환자들에겐 그토록 살고 싶었던 내일'이라는 말이 있다. 내게 주어진 하루는 그만큼 소중하고 절실하다. 아침에 눈을 뜨는 것은 인생의 또 다른 출발이다. 행복한 인생이란 당장 눈앞에 있다. 바로 오늘부터 잘 사는 것이다.

주변을 사랑하기
: 마이크로 산책 명상

　　아침에 일어나서 저녁에 잠들기까지, 알고 보면 우리는 하루 가운데 가장 많은 시간을 걷는 데 쓰고 있다. 출퇴근을 하거나, 점심을 먹으러 가거나, 외근을 나가거나, 윗사람에게 보고를 하러 가거나, 어떤 일을 하려면 일단 걸어야 한다. 우리에게 걷기란 너무나 자연스러운 것이어서 대부분의 사람은 걷는다는 사실조차 인식하지 못하고 걷는다. 또 걷다 보면 여러 생각에 빠져 주변의 사물들을 세세히 보지 못하고 무심코 지나쳐버리는 경우가 많다.

　　마이크로 산책 명상은 걷기에 기반한 명상법이다. 하루 중 10분 정도의 시간을 활용해서 실천할 수 있으며 언제 어디서든 쉽게 할 수 있다. 마이크로 산책이란 공간의 구석구석을 세밀하게 관찰하며 걷는 것을 의미한다. 미국 뉴욕과 브루클린 등의 도심에서 인기를 끌었던 명상법으로, 한마디로 말하자면 나의 주변을 사랑하는 것이다.

　　일례로 자신의 생활 반경 50m 정도의 짧은 공간에서 펼쳐지는 아주 작은 변화를 하나도 놓치지 않으면서 1년 365일을 카메라에 담는 식이다. 그렇게 하면 하룻밤 만에 새로운 잎이 돋아났거나 꽃이 핀 것을 볼 수 있고, 땅속에서 개미들이 기어 다니는 모습을 여유롭게 살펴볼 수도 있다. 비가 내린 다음 날 깔끔하게 변해 있는 주변의 모습과 바람이 불면 정처 없이 가볍게 날아다니는 흙먼지들까지, 호기심과 열린 감각을 가지고 천천히 걸으면서 주변을 음미하듯 바라보면 신기하게도 매일 매일 새로운 것을 발견할 수 있게 된다. 무관심하게 지나쳐버렸던 내 곁의 경이로움이 새삼스럽게 드러나게 된다. 바로 한번 실천해보기를 권한다.

먼저 10분 정도 방해를 받지 않고 조용히 걸을 수 있는 장소를 선택해 호젓하게 산책한다. 평소보다 조금 느린 걸음으로 여유를 가지고 걷도록 한다. 걸으면서 발바닥이 지면과 접촉할 때 느껴지는 촉감, 발의 무게감을 느껴본다. 그리고 주의를 돌려 자신이 걷고 있는 주변 풍경을 관찰해본다. 뭔가를 애써서 찾으려 하지 않고, 그저 자연스럽게 '보여진다'라는 심정으로 바라본다. 아무것도 모르는 천진무구한 아이 같은 자세로 들려오는 소리를 듣는다. 코의 감각으로 주의를 가져가면 나를 둘러싼 환경의 냄새가 더 선명하게 전해진다. 이때도 마냥 받아들이기만 한다. 통제하거나 거부하거나 변경시키려 하지 않는다. 모든 것을 있는 그대로 내버려 두고 홀가분하게 경험한다. 이때 경험에 집중하고 있는 나의 감각은 지금 이 순간에 온전히 머무를 수 있게 된다. 바쁜 일상 속에서도 마이크로 산책 시간을 통해 잊고 있던 자신의 존재를 느껴보기 바란다. 지혜와 행복은 지금 이 순간의 경험에 존재한다!

오감으로 맛보기

: 먹기 명상

먹기 명상은 몸의 느낌에 관한 여러 가지 명상법 중에서도 특별히 추천할 만한 방법이다. 특히 '혼밥(혼자서 밥을 먹음)'에 익숙한 요즘 사람들에게 아주 유용한 명상법이다. 먹는 행위는 단순히 입이나 혀에만 국한되지 않는다. 맛있는 요리는 먹음 직스러워 보여야 한다. 향기도 좋아야 한다. 음식이 씹히는 소리도 미각을 한층 북돋운다. 곧 먹기 명상은 사람이 느낄 수 있는 오감(五感), 눈·귀·코·혀와 몸의 감각과 더불어 그와 함께 일어나는 생각까지도 깊이 느껴볼 수 있는 명상이다. 종합 명상이라고 해도 과언이 아니다.

먹기 명상을 처음 시작할 때는 혼자서 조용히 하는 것이 좋다. 그러다 익숙해지면 아무리 번잡한 곳에서 식사를 하더라도 명상이 가능해진다. 주의할 점은 가급적이면 어떠한 평가나 판단 없이 처음 대하듯 음식의 색과 소리, 향과 맛, 감촉을 알아차리는 것이다.

식탁에 앉아 식사를 하기 전에 잠시 눈을 감고 차분하게 자신의 호흡을 바라본다. 잠시 자신의 호흡을 느껴본 뒤 가만히 눈을 뜨고, 식탁에 차려진 음식을 평가하거나 판단하지 않는 마음으로 무심히 바라본다. 음식에서 나는 냄새에 대해 평가하거나 판단하지 않는 마음으로 있는 그대로의 냄새를 느껴본다. 손으로 수저나 젓가락을 쥐고 음식을 들어 입에 넣는다. 음식을 입으로 가져가는 손동작을 가만히 알아차려 본다. 음식에서 느껴지는 맛에 대해 맛있다거나 맛없다거나 짜다거나 달다는 등의 평가와 판단을 하지 않는다. 음식의 맛을 있는 그대로 느껴본다. 입안에서 느껴지는 음식의 질감을 천천히 음미하면서 먹어본다. 음식을 씹는 동안 맛이 어떻게 변하는지도 느껴본다. 천천히 음식을 씹을 때 입안에서 들려오는 소리를 가만히 들어본다. 혹시 주변에서 다른 소음이 나더라도 개의치 않는다. 동시에 들리는 다른 소리와 함께 그대로 뒤섞어 듣는다. 음식을 먹다가 어떤 생각이 일어나면, 문득 생각에 빠졌음을 알아차리고 다시 먹는 행위로 주의를 가져온다. 음식에 대한 어떤 평가나 판단이 일어나면, 그것에 대해 알아차리고 다시 먹는 행위 자체로 돌아와 단순하게 느껴지는 그 느낌으로 돌아가면 된다.

명상의 필요조건은 온전한 받아들임이다. 어떤 자책이나 원망도 필요하지 않다. 잠시 집중력을 잃었다 하더라도 어느 순간 그것을 알아차리고 다시 명상의 상태로 되돌아가면 그뿐이다. 식사를 다 마칠 때까지 천천히 느긋한 마음으로 눈, 코, 귀, 맛, 촉감으로 느껴지는 단순한 느낌들에 주의를 기울여본다. 식사를 마치고 나면 잠시 눈을 감고 다시 자신의 호흡을 느끼면서 섭취한 음식이 자신의 삶을 지탱해주는 고마운 물질임을 자각해본다. 감사하는 마음과 함께 편안한 마음으로 살며시 기분 좋은 미소를 머금고 눈을 뜬다.

마음의 때 씻기
: 설거지 명상

식사를 마치면 설거지를 한다. 때로는 설거지가 더럽고 귀찮은 일로 여겨질 수도 있다. 그러나 설거지야말로 정말 훌륭한 명상 주제이다. 매일같이 또는 끼니때마다 하는 설거지는 우리의 일상생활이다. 그러므로 설거지 명상을 생활화하면, 그 일이 점차 즐거워지고 자연스럽게 명상의 숙련도 역시 높아지는 계기가 된다.

먼저 개수대 앞에 서서 자신의 호흡에 의식을 두고 숨이 오고 가는 것을 잠시 느껴본다. 어떤 것도 평가하거나 판단하는 마음 없이 편안한 마음으로 어깨에서 힘을 뺀다. 이 상태로 개수대 앞에 서서 현재 자신의 모습을 있는 그대로 느껴본다. 이제 설거지를 시작한다. 음식물 찌꺼기가 남은 식기들과 수돗물, 수세미가 손에 닿는 감촉을 느껴본다. 물의 온도나 비눗물의 농도가 어떤지도 느껴본다. 설거지하는 손의 움직임도 주의 깊게 느껴본다.

이때 유의해야 할 점은 가급적 다른 생각에 빠지지 말고 설거지하는 현재의 느낌에만 충실해야 한다는 것이다. 만일 내가 인지하기도 전에 어떤 생각이 먼저 일어나 그 생각에 빠지게 되면, 그것을 알아차리는 순간 곧바로 그 생각에서 빠져나와 다시 설거지하는 행위에 주의를 기울여야 한다. 다른 생각에 빠졌던 자신을 자책하거나 비난할 필요는 없다. 자신을 탓하고 비난하는 행위는 명상에 전혀 도움이 되지 않는 또 다른 망상이기 때문이다. 설거지 명상의 핵심은 설거지할 때 이런저런 생각을 하지 않고 단지 설거지하는 자신의 행위와 모습을 천천히 관찰해보는 것이다. 즉 지금 여기, 설거지하고 있는 이 순간에 현존하기를 연습해보는 것이다.

설거지의 양이 많든 적든 이런 방법으로 설거지 명상을 하게 되면 점차 설거지하는 시간이 즐거워지고 아주 의미 있는 시간을 보낼 수 있다. 설거지할 때 엉뚱한 생각이 일어나면 그것을 알아차리고 즉시 설거지하는 모습으로 되돌아오기만 하면 된다. 설거지할 때 느껴지는 몸의 감각과 의식으로 느껴지는 지금 이 순간의 느낌 안에 현존하라. 마침내 설거지가 끝나면 잠시 눈을 감고 자신의 호흡을 느껴본다. 그리고 편안하게 설거지를 끝낸 자신을 보면서 살며시 미소를 보낸다. 뽀송뽀송 말끔해진 그릇들처럼 찌들고 녹슬었던 마음이 개운해질 것이다.

평온해지기

: 스트레스 해소 명상

스트레스에서 자유로운 인간은 없다. 우리는 일상에서 현재 하고 있는 일에 집중하지 못하고 이리저리 마음이 흔들리는 경험을 자주 한다. 더구나 특별한 이유가 없는데도 스트레스나 불안, 또는 신체적 긴장으로 인한 불편감을 호소하는 사람이 많다. 반대로 생각하면 언제 어느 때나 찾아오는 스트레스를 해소하는 것도 언제 어느 때나 가능하다고 말할 수 있다. 짧은 시간 안에 심신을 이완하고 마음의 안정을 얻는 방법은 의외로 간단하다.

먼저 몸의 자세를 편안하게 취한다. 그리고 심호흡을 한다. 코로 숨을 깊게 들이마시고 입으로 천천히 숨을 길게 내쉰다. 몸 안에 남아 있는 들숨을 완전히 비워낸다는 마음으로 끝까지 내쉰다. 다시 코로 숨을 깊게 들이마시고 입으로 천천히 숨을 길게 내쉰다. 다시 한번 코로 숨을 깊게 들이마시고 입으로 천천히 숨을 길게 내쉰다. 이렇게 반복하다 보면 어느샌가 스트레스를 받지 않았을 때처럼 편안하게 호흡을 할 수 있을 것이다.

그런 다음 머리끝에서 발끝까지 몸 전체를 살펴본다. 신체 부위 중에서 경직되거나 불편한 곳이 있으면 그곳을 마음의 눈으로 바라본다. 그곳으로 숨을 들이마시고 그곳으로 숨을 내쉬면서 몸과 마음이 가뿐해지는 것을 상상해본다. 숨을 깊이 들이마시고 천천히 숨을 내쉬면서 몸과 마음이 이완되고 있음을 만끽한다. 계속 그렇게 한다. 숨을 들이쉬고 내쉬면서 편안함을 느껴본다. 숨을 들이쉬고 내쉬면서 고요함을 느껴본다. 숨을 들이쉬고 내쉬면서 평정심을 느껴본다. 그 차분하고 고운 숨결 위에 편안함이 놓여 있음을 느껴본다. 어느새 몸과 마음이 가볍고 평온해진 것을 경험하게 된다.

거듭 강조하건대 생명의 근본이자 시작은 호흡이다. 삶이 답답할 때 호흡으로 돌아오면 잃어버린 길을 금세 되찾을 수 있다.

법정 스님의 맑고 향기로운 명상

베스트셀러 《무소유》의 작가인 법정 스님은 불교계를 넘어 한국 사회의 영원한 스승이다. 스님의 정신을 계승하고 있는 사람들의 모임인 '(사)맑고 향기롭게'로부터 스님의 글을 '하루명상'에 사용할 수 있도록 허락받았다. 녹음은 법정 스님의 제자인 이계진 전 KBS 아나운서가 맡아주었다. 법정 스님이 남긴 아름다운 구절 가운데 명상적이면서도 사람들에게 통찰을 줄 수 있는 문장을 발췌해 오디오 파일에 담았다. 그중 몇 가지를 소개한다.

명상 : 안으로 마음의 흐름을 살피는 일, 우리는 이것을 일과 삼아서 해야 한다. 모든 것이 최초의 한 생각에서 싹튼다. 이 최초의 한 생각을 지켜보는 것이 바로 명상이다.

자연 : 자연은 모든 생명의 원천이고 사람이 기댈 영원한 품이다. 또 자연은 잘못된 현대 문명의 유일한 해독제이다. 하늘과 구름, 별과 이슬과 바람, 흙과 강물, 햇살과 바다, 나무와 짐승과 새들, 길섶에 피어 있는 하잘것없는 풀꽃이라도 그것은 우주적인 생명의 신비와 아름다움을 지니고 있다. 건성으로 보지 말고 유심히 바라보라. 그러

면 거기에서 자연이 지니고 있는, 생명이 지니고 있는 신비성과 아름다움을 캐낼 수가 있다.

물음 : 사람은 무엇보다도 사람답게 떳떳하게 살아야 한다. 사람이 사람답게 살기 위해선 첫째, 자기 자신에 대한 각성이 전제되어야 한다. 자기 자신의 각성, 자기 존재에 대한 각성이 먼저 이루어져야 한다. 그 각성을 통해서 비로소 마음이 열린다. 마음이 열리지 않으면 이미 열려져 있는 세상을 내가 받아들일 수 없다. 다시 말해 세상과 내가 하나를 이룰 수 없다. 세상과 내가 하나를 이루지 못하면 세상에서 살고 있는 것 같지만 실제로는 사는 것이 아니다. 세상이라는 파도 위에서 겉도는 것에 불과하다. 마음이 열려야만 세상과 내가 하나를 이룰 수 있다는 사실을 기억하길 바란다. 마음이 열려야만 평온과 안정을 이룰 수 있다. 나는 누구인가 스스로 물으라. 나는 누구인가, 자신의 '속 얼굴'이 드러나 보일 때까지 묻고 물어야 한다. 건성으로 묻지 말고 목소리 속의 목소리로, 귓속의 귀에 대고 간절하게 물어야 한다. 해답은 그 물음 속에 들어 있다. 그러나 묻지 않고는 그 해답을 이끌어낼 수 없다. 나는 누구인가, 거듭거듭 물어야 한다.

자연의 숨결 : 요즘 사람들은 똑똑하긴 한데 자연에 대해서만은 너무 깜깜하다. 탤런트나 운동선수의 신상에 대해서라면 자기 집안 족보

보다도 훨씬 소상히 알고 있으면서 나무 이름 하나 새 이름 하나도 제대로 모르고 있다. 그만큼 자연과 멀다는 소식. 자연과 멀다는 것은 생활 자체가 부자연하다는 뜻이 아닐까? 아무리 바쁘더라도 바람 소리와 새 소리에 귀를 기울여보고, 꽃의 아름다움과 그 향기도 맡아 보고 시냇물 소리에 귀를 모을 수도 있어야 한다. 흘러가는 구름에 마음을 실어 보내기도 하고, 밤하늘의 별이나 달빛에 흐려진 눈을 씻기도 해야 할 것이다. 생명이 없는 박제된 현대의 도시 문명, 그 오염을 씻어내려면 자연의 숨결밖에 없다.

지혜로운 삶 : 버리고 비우는 일은 결코 소극적인 삶이 아니라 지혜로운 삶의 선택이다. 버리고 비우지 않고는 새것이 들어설 수 없다. 그러므로 차지하고 채우는 것은 어떤 의미에서 침체되고 묵은 과거의 늪에 갇히는 것이나 다름이 없고, 차지하고 채웠다가도 한 생각 돌이켜 미련 없이 선뜻 버리고 비우는 것은 새로운 삶으로 열리는 통로다. 만일 나뭇가지에 묵은 잎이 달린 채 언제까지나 떨어지지 않고 있다면 계절이 와도 새잎은 돋아나지 못할 것이다. 새잎이 돋아나지 못하면 그 나무는 이미 성장이 중단되었거나 머지않아 시들어버릴 병든 나무일 것이다. 소나무, 향나무, 대나무와 같은 상록수도 눈여겨 살펴보면 계절이 바뀔 때마다 묵은 잎을 떨구고 새잎을 펼쳐낸다. 늘 푸르게 보이는 것은 그 교체가 낙엽수처럼 일시적이

아니고 점진적이기 때문이다.

수필가로 널리 알려져 있지만, 알고 보면 법정 스님은 위대한 선승이었다. 산 깊은 곳에서 스스로 작은 움막을 짓고 깨달음을 위해 올곧이 정진한 스님이다. 자연을 벗 삼아 자연을 관찰하며 자신이 자연의 일부이자 친구임을 깨우쳤다. 날카로운 직관과 세상을 향한 따뜻한 포용이 글 속에 녹아 있는 이유는 항상 자신의 내면을 돌아보면서 통찰력을 탁마(琢磨)했기 때문이다. 당신의 일상을 채우는 것은 비단 글쓰기만이 아니라 참선이었을 것이다. 그래서 명상이 아직 일반화되기 한참 이전에 명상의 본질을 이미 정확히 꿰뚫고 있었던 것이다.

스님의 말씀대로 명상이란 '안으로 마음의 흐름을 살피는 일'이고 '자기 존재에 대한 각성'이다. 자기를 알게 되면 마음이 열리고 비로소 세상의 진짜 모습과 마주할 수 있게 된다. 나 자신과 세상이 따로 분리된 것이 아니라 서로 연결돼 있음을 깨닫는다. 그래서 나를 사랑하듯 세상을 사랑할 수 있고, 그 힘으로 나에 대한 사랑이 더욱 충만해진다. 세상을 원수나 경쟁자나 먹잇감으로 여기는 한 내 마음은 결코 편안해질 수 없고 욕망은 절대 충족되지 않는다. 물아일체(物我一體)가 이뤄지지 않으면 완전한 행복이란 불가능하거나 거짓말이다.

마음으로 말하기

: 대화 명상

종종 의도와는 관계없이 다른 사람에게 어려운 말을 해야 하는 경우가 있다. 특히 개인의 건강 문제나 승진, 취업, 친한 친구의 부탁을 거절할 때처럼 곤란하고 힘들 때가 있다. 어쩔 수 없이 상대방에게 어려운 말을 해야 할 때 주의를 두어야 할 것은 말하는 사람의 태도와 목소리다. 따스한 마음과 배려심 있는 어조로 이야기하면 부정적인 내용이라 하더라도 긍정적인 느낌으로 전달할 수 있다. 어렵고 힘든 이야기를 해야만 하는 상황에서, 상대방에 대한 존중과 따뜻한 연결성을 가지고 대화할 수 있다면 지혜로운 대처가 가능해진다. 상대방을 만나기 전에 짧은 실습을 해볼 것을 추천한다.

먼저 불안과 긴장감을 내려놓고 심호흡을 몇 차례 하면서 몸과 마음을 편안하게 이완하는 것이 중요하다. 눈을 감고 편안하게 자신의 호흡을 바라보면서 어려운 말을 해야 할 상대방을 마음속으로 떠올려 본다. 마음속에 상대방이 떠오르면, 상대방을 바라보면서 마음속으로 조용히 다음과 같이 말한다.

"이 사람도 나와 같은 인간이다. 이 사람도 나와 같이 몸과 마음이 있는 존재이다. 이 사람도 나와 같이 감정과 느낌, 생각 그리고 욕구가 있는 존재이다. 이 사람도 나와 같이 살아오면서 힘들고 괴로운 일들을 잘 견뎌왔다. 나처럼 이 사람도 자신이 위험과 고통으로부터 벗어나기를 원할 것이다. 나처럼 이 사람도 자신이 편안하고 안락하기를 바랄 것이다. 나처럼 이 사람도 자신이 행복하기를 소망할 것이다. 이 사람도 나와 같은 인간이기 때문에, 나는 진정으로 이 사람을 이해하면서 말하기를 원한다. 진정으로 이 사람이 상처받지 않기를 바란다. 이 사람도 나와 같은 인간이기 때문에, 나는 진정으로 이 사람이 편안하기를 바란다. 진정으로 이 사람이 건강하기를 바란다. 이 사람도 나와 같은 인간이기 때문에, 나는 진정으로 이 사람이 행복하기를 바란다."

마음속으로 하거나 아니면 소리 내어 말해도 좋다. 상대방에 대한 선한 의지와 진심 어린 태도를 갖는 것이 중요하다. 나는 이 방법을 피드백 코칭할 때 활용하고 있다. 회사에서는 리더를 육성하기 위해 자주 리더십 평가를 한다. 점수가 낮게 나온 리더들에게는 피드백을 통해 역량을 개선할 수 있는 기회를 제공하는데, 모든 사람이 긍정적이고 수용적으로 참여하는 것은 아니다. 간혹 평가한 사람이 더 문제라며 저항하는 사람들도 있다. 그런 분들과 대화하는 과정에서 위 방법을 적극 활용하고 있는데, 대화 과정에서 어느 순간 분위기가 전환되어 발전적인 대화로 이어지는 경우가 많다.

바보들의 마음 습관,
이기주의

불교든 기독교든 이슬람교든, 어느 종교나 이타심(利他心)을 말한다. 어떤 신(神)을 섬기고 교리가 어떻든지 간에 이타심을 독려하고 실천하는 종교만이 인류의 신뢰를 얻고 그만큼 오래 명맥을 유지할 수 있다. 프랑스 출신 스님이자 생물학자인 마티유 리카르(Matthieu Ricard)는《이타심》이라는 책에서 이타심이란 무엇이며, 왜 인간이 이타심을 가져야 하는지 설명한다. 요즘 같은 무한 경쟁의 사회에 '이타심'은 쓸모없고 부담스러운 감정으로 치부된다. 그랬다가는 나만 손해를 볼 것이라는 생각에 이타심을 외면하거나 선뜻 마음을 내어주지 않는다. 하지만 마티유 리카르는 단호하게 말한다. 이타심을 갖는 것이 결국에는 나에게 이득이라고 말이다.

예컨대 돈 문제로 분쟁에 휘말린 경우를 생각해보자. 다툼에서 이긴다면 표면적으로는 부(富)를 획득할 수 있다. 하지만 상대방을 향한 증오와 적개심이라는 심적(心的) 대가를 지불해야 한다. 물질적으로는 나아졌을지 모르지만 내면적으로는 가난해지는 것이다.

이타주의는 바보들의 습관이라고 비웃는 사람이 많다. 그러나 마티유 리카르는 그렇게 여기는 사람이야말로 바보라고 일갈한다. "이기주의는 행복을 확보하기 위해서 할 수 있는 가장 어리석은 시도"라면서 속 좁은 사람들의 자기애는 알고 보면 자해(自害)에 불과하다고 지적한다. "이기주의자는 자신을 너무 사랑하는 게 아니라 자신에 대한 사랑이 너무 부족한 것이다. 자기도 모르는 사이에 스스로를 불행에 빠뜨리는 일은 뭐든지 찾아서 하면서 자신을 증오한다. 끊임없이 실패하는 과정에서 마음속에 좌절감과 분노가 생기고 그로 인해 자기 자신과 외부 세계에 등을 돌리게 되는 것이다." 이처럼 이기주의자들은 끊임없는 분노와 원한과 고립의 굴레에서 좀처럼 벗어나지 못한다. 눈앞의 이익을 얻어내기 위해 스스로 모든 세상을 지옥으로 만들어버리는 셈이다.

선한 마음을 손가락질하거나 불편하게 느끼는 사람이 많다. 그럴 때는 거꾸로 생각해보자. 선(善)이 진부한 개념이라면, 누구나 보편적으로 선을 행할 수 있다는 뜻이기도 하다. 다시 말해 선한 마음이란 인간 본연의 감정이며 누구나 일상에서 발휘할 수 있는 능력이다. '남을 위하는 마음'은 어려운 마음도 아니고 억지로 만들어내는 마음도 아니다. 나를 진정으로 사랑하다 보면 자연스럽게 형성되는 마음이다. 그 역(逆)도 가능하다. 남을 존중하고 배려하는 마음을 갖게 되면 나를 진정으로 사랑할 수 있는 마음이 만들어지는 법이다. 모든 것은 다른 것에 의존해야만 존재할 수 있다는 불교의 연기법(緣起法)을 이해하면 본능적으로 관대해지고 겸손해진다. 이타적인 삶이 이기적인 삶보다 이익이 많이 남는 장사라는 확신을 갖게 되기 때문이다.

내일 먹을 밥은
걱정하지 마라

우리가 명상을 통해 자비심을 기르는 이유는 궁극적으로 자기 자신에 대한 온전한 긍정을 얻기 위함이다. 겨울날 거리에서 떨고 있는 걸인에게 적은 돈이라도 베푸는 까닭은 그에게서 보상을 바라서가 아니다. 가엾은 마음이 들어서 저절로 그러는 것이다. 자기 자신에 대해서도 이런 마음 자세를 가져야 한다. 나는 나에게 있어 그 무엇보다 소중하고 고귀하고 절대적인 존재다. 나를 사랑해야 하는 이유는 내가 남보다 잘나거나 못나서가 아니다. 내가 살아 있기 때문이다.

명상을 하다 보면 처음에는 잡념이 일어날 수밖에 없다. 이때 유의해야 할 점은 잡념을 억지로 변화시키거나 잡념에 빠진 자신을 탓하지 말고, 소박하고 단출한 심정으로 그 잡념을 무심히 바라봐야 한다는 것이다. 감각이 있으면 있는 대로, 감각이 없으면 없는 대로 그것을 있는 그대로 놓아둔다. 신체의 어떤 부위가 뻐근하게 느껴지면 '거기에 긴장이 일어났구나' 하고 알아차리면 그만이다. 아프면 아픈 대로 느끼면 된다. 또한 명상 중에 마음이 흔들려 주의가 흐트러지는 경험도 반드시 하게 된다. 이때도 자기 자신을 비난할 필요가 없다. 모든 판단을 중지하고 현실에서 일어난 경험을 있는 그대로 받아들인다. 명상이란 그런 것이다. "이렇게 해서는 안 돼." "과연 이렇게 하는 게 맞는 걸까?" 의심을 만들지 말고 다시 주의를 집중해 끝까지 나아가는 것이 관건이다.

명상은 일상이 될 수 있다. 세수할 때, 청소할 때, 걸어갈 때, 밥 먹을 때, 심지어 운전할 때도 가능하다. 일상생활 속에서 호흡 알아차림을 실천하면 언제나 유익하다. 기분 나쁜 일을 당할 때마다 효과가 좋다. 심호흡을 하다 보면 흥분이 가라앉고 마음이 차분해진다. 기분이 나빴다는 것은 사실이 아니라 지나간 생각일 뿐이다. 이미 지나가 버려서 어찌할 수 없고, 어찌할 필요도 없다. 과거를 아쉬워하거나 미래를 기대하지 말고 그저 주어진 현재를 느끼기만 한다. 생각하지도 않고 판단하지도 않는다. 오늘 밥을 먹기 위해 열심히 일하면 내일의 밥은 굳이 걱정하지도 않아도 된다.

일곱 가지
생활 명상

마음의 안정이든 종교적 체험이든 누구나 다양한 목적을 가지고 명상을 할 것이다. 내가 생각하기에 명상의 가장 강력하고 직접적인 효능은 바로 삶을 대하는 태도를 획기적으로 변화시켜준다는 것이다. 명상을 하면 마음이 차분해지고 어떠한 자극에도 쉽게 흔들리지 않는다. 인간관계에서 비롯되는 불쾌감이나 질투심이 적어지는 대신 스트레스와 시련에 대처하는 힘은 커진다. 그리고 일상 속에서 꾸준히 명상을 실천할수록 그 변화의 폭이 점진적으로 넓어진다. 그래서 개인적으로 아무리 바쁘거나 귀찮더라도 1년에 한 번 이상은 1주 이상의 집중 수행 프로그램에 참석하고 있다.

무엇보다 지금의 순간을 알아차리는 '마음챙김 명상' 그리고 따뜻한 미소의 마음으로 나 자신을 위로하는 '하트스마일명상'은 내 인생과 영원히 함께할 것이다. 물론 명상에 대해 구구절절 이론적으로 설명을 듣는다고 해서 자신의 삶이 바뀌지는 않는다. 그래서 여러분이 직접 체험해보라는 의미에서 내가 평소에 실제로 하고 있는 명상법에 대해 소개하고자 한다. 백문(百聞)이 불여일견(不如一見)인 법이다. 여러분도 언제 어디서나 당장, 그리고 쉽게 실천할 수 있는 것들이다.

미니 명상 : 내가 가장 좋아하고 자주 하는 명상 중에 하나가 '1분 그냥 있기 미니 명상'이다. 미니 명상은 선불교의 온전함에 마음챙김적 요소를 결합한 명상이다. 방법은 간단하다. 지금 이 순간 하고 있는 일을 잠시 멈춘다. 그리고 가만히 눈을 감고 그냥 그대로 있는다. 아무것도 하지 않고 편안하게 지금 이 순간에 있는 그대로 존재해본다. 생각이 떠오르면 그 생각들을 지켜본다. 현재 순간의 느낌에만 깨어 있는다. 뭔가를 알아차리려 노력하기보다 아무것도 하지 않는 'non-doing'의 상태에 나를 맡겨버린다. '하루명상' 앱에서 제공하는 1분, 2분, 3분짜리 다양한 미니 명상을 활용하는 것도 도움이 될 것이다.

톨게이트 명상 : 요즘은 하이패스가 일반화되어서 톨게이트에 직원이 없는 경우가 많지만, 가끔 톨게이트를 지날 때마다 직원을 마주하는 경우가 있다. 볼 일이 있어 사무실이 있는 강북에서 강남으로 이동할 때면 남산터널을 자주 이용하는데, 그때마다 수납하는 직원에게 자애 명상을 한다. 예전에 은행원 생활을 할 때 남부순환도로 톨게이트로 동전수납을 다니던 경험에서 비롯된 습관이다. 요금소에서 근무하는 사람들은 항상 자동차 매연에 노출되어 있다. 그들을 향해 마음속으로 위로와 격려의 마음을 담은 자애 문구를 보낸다. 명찰에 이름이 표시되어 있기 때문에 마음속으로 이름을 부를 수 있다. '000 님이 오늘 하루도 건강하기를, 편안하기를, 행복하기를.' 이

렇게 혼자 조용히 되뇌면서 미소를 짓고 따스한 기운을 선물한다.

화장실 명상 : 절에서는 화장실을 해우소(解憂所)라고 부른다. '근심을 내려놓는 곳'이라는 뜻이다. 옛 스님들은 해우소를 오갈 때마다 입측오주(入廁五呪)라는 다섯 가지 주문을 암송하며 마음챙김 수행을 했다고 한다. 남들은 별생각 없이 오가는 화장실조차 수행처로 삼은 것이다. 우리는 하루에도 몇 번씩 화장실을 오가지만 대부분 무의식적으로 들락날락할 뿐이다. 서둘러 갔다나 서둘러 나오기 바쁘다. 화장실은 자기 몸을 가장 잘 살펴볼 수 있는 공간이다. 화장실 갈 때 몸의 상태와 느낌, 일을 볼 때 느껴지는 몸의 감각, 일을 보고 난 다음 몸의 상태와 느낌, 씻을 때 몸의 감각, 거울에 비친 모습 등을 집중해서 알아차려 보자. 마음만 먹으면 화장실은 나만의 소중한 명상실이 될 수 있다. 일상에서 몸을 대상으로 하는 마음챙김 명상을 습관화하는 데 화장실만큼 유용한 공간이 없다.

발가락 명상 : 걸어갈 때, 특히 계단을 올라가거나 내려갈 때 발가락에 주의를 두고 알아차림을 하는 명상이다. 계단을 오르내릴 때 어떤 발가락부터 움직이는지, 힘은 어떤 순서로 들어가는지, 발바닥에서 느껴지는 무게감과 균형감 그리고 감각은 어떠한지 등에 의도적으로 주의를 두고 집중하여 느껴보자. 여유있게 걸으면서 하는 것이

가장 편안하지만, 어느 정도 숙련되면 빠르게 걸으면서 또는 뛰면서도 할 수 있다. 당연하게 존재하는 것 같았던 발가락이 얼마나 소중하고 고마운지 느낄 수 있다.

세 숟가락 명상 : 쉬울 것 같으면서도 어려운 명상이다. 하지만 계속 습관을 들이려고 노력 중인 명상이다. 명상 방법 가운데 가장 즐겁고 뿌듯한 것이 바로 '먹기' 명상이다. '먹방('먹는 방송'을 줄여 이르는 말)'이 괜히 생기고 괜히 인기를 끄는 게 아니다. 우리는 매일 아침, 점심, 저녁 식사를 한다. 가끔 간식도 먹는다. 식사는 혼자 할 때도 있고 다른 사람들과 같이할 때도 있다. 내가 정한 원칙 중 하나는 식사할 때 최소 세 번의 밥숟가락은 의도적으로 100번을 씹으며 알아차리는 것이다. 일절 딴생각 없이 입안의 음식에만 온전히 집중하는 것이다. 그렇게 하면 소화도 잘되고 건강에도 좋다. 생각보다 쉽지는 않다. 너무 배가 고프면 밥을 씹는 둥 마는 둥 허겁지겁 입속에 욱여넣는 경우가 허다하다. 의식적으로 주의를 두지 않으면 번번이 실패한다. 다만 세 숟가락 정도는 지인이나 고객과 식사를 하면서도 표 안 나게 충분히 실행할 수 있다. 딱 세 숟가락만, 100번 씹는 것을 알아차려 보자.

하트스마일명상 : 인간은 사회적 동물이다. 개인적으로 또는 업무적

으로 수많은 사람과 만나 소통을 한다. 일과 관련된 미팅이나 거래는 대부분 피곤한 소통이다. 특히 고객이 불만을 제기하거나 시비를 걸 때는 누구나 스트레스를 받을 수밖에 없다. 나는 그런 순간에 하트스마일명상을 활용하고 있다. 그 효과가 놀라울 정도로 파워풀하다. 방법은 간단하다. 평소 하트스마일명상 훈련에 익숙해지면 가슴 한가운데에 따뜻한 미소의 느낌을 간직할 수 있다. 마음 한쪽에 저장소가 마련돼 있어서 원하면 언제든지 꺼내 쓸 수가 있다. 불편한 상황에서 불편한 사람들과 대화를 할 때, 겉으로 드러나게 미소 지을 수는 없다. 자칫 상대방이 자신을 비웃는다고 생각할 수 있기 때문이다. 대신 마음으로 미소 짓고 가슴 한가운데로 따뜻한 미소의 느낌을 상대방에게 분출한다. 의도적으로 따뜻한 느낌의 미소를 지속적으로 내보낸다. 그렇게 하면 아무리 불편한 상황이라 하더라도 상대방에 대한 분노와 증오가 몸으로 올라오는 것을 효과적으로 막을 수 있다. 아예 분노와 증오가 일어나지 않기도 한다. 오히려 연민의 마음이 생겨서 내적으로 일어나는 긍정적인 에너지를 흠뻑 만끽할 수 있다. 나는 하트스마일명상을 응용한 3S 방법을 자주 활용하고 있다. 3S란 내외부에서 자극이 오면 일단 멈추고(Stop), 미소 짓고(Smile), 바라보는(See) 방법이다. 미소를 짓고 그 느낌을 머리가 아닌 가슴으로 가져오는 것이다. 미소의 느낌은 빠르고 즉각적이다.

가슴으로 감사하기 명상 : 감사는 우리가 베풀 수 있는 최선의 마음 중 하나이다. 감사는 우리 몸과 마음을 최상의 상태로 유지해준다. 두 손을 모아 가슴 위에 가볍게 올려놓고, 살짝 미소 짓고, 가슴 한가운데로 숨이 들어오고 나가는 것을 상상하면서 호흡한다. 먼저 가슴으로 호흡하면서 이렇게 온전하게 존재하고 있는 자신에게 감사의 마음을 보낸다. 자기 자신에 대한 감사를 가슴으로 들이쉬고 가슴으로 내쉰다. 다음으로 최근 자신에게 친절을 베풀었던 고마운 한 사람을 떠올리고, 그 사람을 상상하면서 가슴으로 감사함을 들이쉬고 내쉰다. 잠들기 전 하루를 되돌아보면서 고마운 사람들을 한 사람씩 떠올리면서 미소 짓고 호흡하면서 가슴으로 감사함을 느껴본다.

이제 당신이
명상을 해야 할 때

4
장

세계의 리더들이
명상을 하는 이유

가성비 슈퍼 갑(甲)
리더십 개발 솔루션

"마음챙김 혁명(The Mindful Revolution)."

미국의 세계적인 시사주간지 《TIME》의 2014년 2월 3일 자 커버 스토리 제목이다. 마음챙김 명상에 대한 심층 보도인 동시에 마음챙김이 이제 전 세계의 주류 산업이 되어가고 있음을 만방에 천명한 기사이다. 서양에서는 이미 '마음챙김'이 곧 '명상'의 대명사로 통용되고 있다. 최근에는 국내에서도 '마음챙김' 또는 '마음챙김 명상'이란 말이 사회 여러 분야에서 활발하게 이용되는 상황이다. 의료, 상담, 기업 교육, 조직 문화 향상을 목적으로 적극적으로 도입하고 있다. 마음챙김이 건강하고 행복한 삶을 살아가기 위한 비결이라는 사실은 점점 세계화되고 있다. 이제 어떤 일에든 마음챙김이란 단어를 붙이면 왠지 그럴듯하고 심오해 보인다. 삶에 커다란 변화를 줄 것만 같다.

'운동을 하면 건강해진다'라는 말은 요즘 세상에서 과학적 상식으로 통한다. 그래서 피트니스 센터는 문전성시를 이루고 연예인들은 운동으로 다져진 자신의 울퉁불퉁하거나 날씬한 몸매를 SNS에 부지런히 올리느라 바쁘다. 노인들의 잘 단련된 몸은 그가 인생을 얼마나 성실하고 치열하게 살아왔는지를 보여주는 지표이자 긍지로 받아들여진다. 하지만 20세기 초만 하더라도 '운동이 건강의 비결'이라고 주장하면 미친 사람 취급받기 십상이었다. 운동이 건강에 매우 중요하다는 것이 보편적인 상식으로 굳어진 시기는 그리 오래되지 않았다.

1927년 하버드대학교의 과학자들이 스스로 운동을 해보고는 몸이 좋아지고 삶이 행복해진다는 것을 피부로 느꼈다. 그래서 이에 대한 과학적 근거와 원리를 규명하고자 대대적인 연구를 기획했지만, 안타깝게도 연구비를 지원하겠다고 나서는 기업이나 정부 기관은 단 한 곳도 없었다. 그만큼 건강과 운동의 상관관계가 전혀 입증되지 않았던 시절이다. 다행히 체력을 생명이자 전투력으로 여기는 군대에서 돕겠다고 나섰다. 우여곡절 끝에 진행된 연구 결과, 운동하는 사람과 그렇지 않은 사람의 신체적·정신적 건강이 하늘과 땅 차이라는 사실이 밝혀졌다. 이것이 '운동 생리학'이라는 학문 분야가 발전하게 된 기원이다.

마음챙김 명상도 마찬가지다. 90여 년 전 피트니스에 대한 '사회적 몰지각'에 비견될 만하다. 명상의 효과는 과학적으로 입증되기 전까지 그저 특정 종교의 독특한 신앙 행위나 유별난 개인들의 기이한 취미로 무시돼 왔다. 그러나 지난 40여 년간 과학적·임상적 연구 결과가 축적되면서 이제는 명상의 중요성과 필요성이 사회의 보편적 가치로 받아들여지고 있다. 더욱이 MRI, EEG, PET 등 두뇌 활동의 변화를 직접적으로 확인할 수 있는 기기들이 개발되면서 명상에 대한 관심과 신뢰가 폭발적으로 상승했다. 지난 20세기가 운동을 하면 건강해진다는 사실에 눈을 뜬 시기였다면, 바야흐로 21세기는 명상을 하면 건강해진다는 과학적 사실을 발견한 시대라고 할 수 있다.

명상으로 가장 유명한 인물을 꼽으라면 애플의 창업자이자 혁신의 아이콘인 스티브 잡스(Steve Jobs)일 것이다. 그는 "마음을 관찰하다 보면 마음이 고요해지고, 마음에 더 미묘한 것들을 들을 수 있는 공간이 생긴다. 그때 바로 직관(直觀)이 피어나기 시작하고, 더 명료하게 사물을 보게 되며, 현재에 더 집중할 수 있게 된다"라고 말했다. 여기서 관찰은 명상, 공간은 자극과 반응 사이의 선택 즉 의사결정, 직관은 창의성, 집중은 몰입이라고 이해할 수 있다. 명상의 본질을 잘 파악하고 있는 말이다. 실제로 그는 20대 때부터 매일 명상 수행을 통해 사물의 본질과 이치를 볼 수 있는 통찰력을 얻었다고 한다.

우리는 피트니스 센터에서 몸의 근육을 단련하듯이 마음챙김으로 마음의 근육을 강화할 수 있다. 몸의 근육이 강화되면 신진대사와 각종 신체적 능력이 향상되듯이, 마음의 근육이 강화되면 일에서의 성공과 삶에서의 행복을 이끄는 이른바 정서 지능이 획기적으로 강력해진다. 정서 지능을 대중화시킨 미국의 심리학자 다니엘 골먼(Daniel Goleman)은 "정서 역량은 학습된 능력"이라고 말했는데, 바로 마음챙김 명상이 최고의 학습법이다. 탁월한 리더들이 발현하는 역량의 80% 이상이 정서 지능으로 구성되어 있다. 그중에서도 자기 인식과 자기 조절 역량은 성공하는 리더와 실패하는 리더를 구분하는 핵심으로 간주되고 있다. 실제 리더의 순간적인 감정 조절 실패가 본인은 물론 조직마저 곤란하게 하는 사례를 어렵지 않게 찾아볼 수 있다.

마음챙김 명상은 리더들이 감정에 휘둘리지 않는 환경을 만들어준다. 어떤 감정이 일어나든지 그 감정을 알아차리고 편하게 받아들일 수 있는 널찍한 공간을 만들어주기 때문이다. 인사 컨설팅을 오래 한 전문가 관점에서 볼 때, 마음챙김 기법은 그 어떤 리더십 역량 개발 방법론보다 효과적이고 근본적인 변화를 가능케 한다. 게다가 스스로 지속할 수 있는 힘까지 준다. 반면에 비용은 매우 저렴하다. 가성비 슈퍼 갑(甲)의 리더십 역량 계발 솔루션인 셈이다.

인공지능의 시대?
마음챙김의 시대!

세계 웰니스 협회(The Global Wellness Institute)가 2018년 발표한 자료에 따르면, 2017년 세계 웰니스 관광 규모는 6,394억 달러(약 702조 원)로 연간 6.5%씩 성장하고 있다. 또한 웰니스 여행객 1인당 평균 소비액은 1,528달러(약 180만 원)로 새로운 관광 트렌드로 부상하고 있다. 한 사람당 200만 원에 가까운 돈을 웰니스에 투자하고 있는 것이다.

최근 탈스트레스를 위한 상품과 서비스를 제공하는 스트레스 산업이 각광받고 있다. 고객의 니즈(needs)와 사회 환경 변화에 따라 새롭고 차별화된 전략 상품이 우후죽순 쏟아지고 있다. 특히 글로벌 경제 시대에 미국에서는 명상이 하나의 유행처럼 번지고 있다. 극명한 예가 바로 급부상하는 명상 앱의 인기다. 월스트리트저널(WSJ)은 미국 명상 인구가 2020년 기준 최근 5년간 세 배가량 증가했다고 보도했다. 지난 3년간 출시된 명상 애플리케이션은 2,000개 이상이다. 명상 산업 규모는 총 12억 달러(약 1조 3,000억 원)로 알려져 있으며, 성장률은 해마다 고공행진 중이다. 시장 조사 전문 기관인 마켓데이터 엔터프라이즈(Marketdata Enterprise)는 명상 산업 규모가 매년 약 11% 성장해 2022년에는 21억 달러(약 2조 5,000억 원)에 달할 것으로 전망

했다. 만약 명상이 의학의 한 분야로 명실상부하게 인정받게 될 경우, 그 성장 폭은 예상하기 어려울 정도다.

마음챙김 혁명의 시작은 1979년 존 카밧진 박사가 창안한 MBSR 교육 프로그램이다. MBSR은 만성 통증이나 질병에 시달리는 환자들의 고통을 경감시켜주기 위해 미국 매사추세츠 주립대학교 메디컬 센터에서 개발했다. 이후 지금까지 수많은 연구와 임상을 통해 그 효과가 검증되었다.

한편 1989년 미국의 판사들에게 처음 소개된 마음챙김 명상은 미국 법조계에서 상당한 영향력을 발휘하는 중이다. 캘리포니아주, 애리조나주 등 10여 개 지역 변호사 협회가 소속 변호사들에게 마음챙김 명상 교육을 제공하고 있으며 하버드 로스쿨, UC버클리 로스쿨 등 10여 개 로스쿨에서는 정규 또는 교양 과목으로 마음챙김을 도입했다. 베이커앤맥킨지(Baker & Mckenzie), 디엘에이파이퍼(DLA Piper) 등 30여 개의 유명 로펌에서도 마음챙김 명상을 제공하고 있다. 이들뿐만 아니라 군인, 소방관, 경찰관 등 위험 직무군과 콜 센터 직원 등 감정 노동자들에게도 마음챙김 명상은 고마운 존재이다.

마음챙김 명상 운동가이자 《마음챙김 국가(A Mindful Nation)》라는 책을 펴낸 팀 라이언(Tim Ryan) 미국 연방 하원 의원은 학교 교육 현장에 마음챙김을 확산시킨 공로자로 평가받는다. 영국에서는 마음챙김 명상이 국책 사업으로 선정되어 2013년부터 의회 차원에서 '마음챙김 이니셔티브'를 추진했으며, 건강·교육·기업·법조 네 가지 분야에서 나라의 중요 의제에 마음챙김 명상을 활용하도록 '마음챙김 국가, 영국(Mindful Nation, UK)' 프로젝트를 정부에 제안했다. 이처럼 서양에서 마음챙김 명상에 대한 신뢰는 사회 각 분야의 주류층을 중심으로 빠르게 번지고 있다.

집단은 성장을 원하고 개인은 행복을 원한다. 조직은 직원들에게 더 많은 일을 시키려고 하는 반면, 직원은 조금이라도 일을 덜 하기를 바란다. 집단과 개인이 언제나 갈등할 수밖에 없는 원초적인 이유이다. 늘 생산성 향상을 고민하는 기업들이 마음챙김 기법에 본격적으로 관심을 갖게 된 때는 10여 년 전이다. 차드 멍 탄이 개발한 구글의 '내면검색'이라는 마음챙김 명상 프로그램이 큰 역할을 했다고 볼 수 있다. 내면검색 프로그램의 목표는 정서 지능 개발을 통한 업무 능력의 극대화다. 차드 멍 탄이 마음챙김 명상을 전수하자 직원들이 다들 일도 잘하고, 조직의 이념과 비전을 잘 따르고, 인간관계도 원만한 만능형 인간으로 성장했다. 무엇보다 아주 많이 행복해했다.

명상의 효능을 목격한 세계적인 기업들은 직원 관리에 앞다퉈 명상을 도입하고 보급하고 있다. 인텔에서는 직원들을 대상으로 'Awake@intel'이라는 명상 프로그램을 실시하고 있다. 애플, 페이스북, 트위터, 페이팔, 링크드인, 이베이, 나이키 등 굴지의 글로벌 기업들도 조직 문화 개선을 통한 생산성 향상을 위해 마음챙김 명상을 들여왔다. 2016년 피델리티 인베스트먼트(Fidelity Investments)의 조사에 따르면,《포춘(Fortune)》지 선정 세계 500대 기업 가운데 22%가 직원들의 건강 증진과 삶의 질 개선, 결근율 감소 및 생산성 향상을 위해 마음챙김 훈련을 진행하는 것으로 나타났다. 이제 마음챙김 명상의 확산 추세는 거스를 수 없는 대세가 되었다. 세계 금융의 중심인 미국 뉴욕의 월가(街)에서는 '성공하려면 마음챙김 명상을 하라'라는 이야기가 나올 정도다. 미국의 유명한 전략컨설팅 회사인 맥킨지앤컴퍼니(McKinsey & Company)도 구성원의 행복과 건강한 삶을 지원하기 위해 마음챙김 명상의 도움을 받고 있다. 이처럼 명상은 이제 더 이상 종교적 행위나 개인적 정신 수양에 그치지 않는다. 세계 경제와 인류의 미래를 좌우할 절대적인 힘을 지니게 됐다.

자발적 몰입이
성공의 열쇠다

왜 세계적인 기업들이 마음챙김 명상에 열광할까. 이에 대한 답을 알려면 먼저 내가 컨설팅을 그만두게 된 이유에 대해 다시 한번 곱씹어봐야 할 것 같다. 책의 첫머리에서 밝힌 대로 어느 은행 임원의 무리한 요구가 내 인생을 바꿔놓았다.

"과거에는 직원들에게 동기를 부여하고 생산성을 높이기 위해 급여를 더 주거나 승진을 시켜주면 되었다. 그러나 지금과 같은 고연령 고임금 인적 구조에서는 임금을 인상하거나 직책을 올려주는 데 한계가 있다. 전체 인원수를 늘릴 수도 없다. 이런 상황에서 직원들이 자발적으로 몰입하고 열심히 일할 수 있는 방법을 내놔 봐라. 추가적인 비용을 들이지 않더라도 창의적이고 혁신적인 상품 개발과 서비스 제공이 가능하도록 조직 문화를 개선할 수 있는 대안을 가져와 봐라."

듣는 입장에서는 매우 난감하고 언짢을 수 있는 질문이다. 하지만 '최소의 비용을 통한 최대의 효율'은 세상의 모든 경영진이 바라마지 않는 꿈의 비법이다. 어떻게 하면 직원들이 업무에 몰입하고 주인 의식을 갖고 일하게 할 수 있을까. 구성원들이 가지고 있는 잠재 능력을 최대한 발휘시키는 방법이 무엇일지 고민할 수밖에 없다.

물론 노동의 힘듦에 걸맞은 처우와 보상은 매우 중요하다. 나와 내 가족들이 살자고 회사에 다니는 것이지 회사를 살리려고 나와 내 가족이 존재하는 것은 아니다. 다만 처우와 보상에 너무 연연하다 보면 돈을 얻는 대신 만족감을 잃고 만다. 사람이 밥벌이에만 너무 집착하다 보면 인간으로서 품격을 상실하게 마련이다. 행복한 삶은 내가 하고 싶은 일을 꾸준히 할 수 있을 때 가능하다. 보수가 적거나 조건이 기대에 못 미치더라도 그냥 그 일을 하는 것만으로도 즐겁고 의미가 있다면 그 인생은 성공한 인생이다. 개인의 행복이든 조직의 발전이든, 결국은 자발성이 그것들을 이루는 원동력이라는 말이다.

글로벌 기업들이 마음챙김 명상에 관심을 갖고 눈독을 들이는 이유가 바로 이 때문이다. 기업가들은 마음챙김을 통해 자발적 몰입을 계발하면서 직원들의 모범이 되고 있다. 마음챙김 명상을 생활화면서 생산적인 행동을 방해하는 요소들에 맞서 내면의 능력을 키워우는 것이다. 한편으로 그들이 명상 도입에 적극적인 까닭은 당면한 경영 환경과도 무관치 않다. 신자본주의 시대는 인간이 불필요해지는 시대다. 만성적인 저성장과 장기 불황, 기술의 비약적인 발전 등으로 인해 직원 수가 지속적으로 감소하는 추세다. 인간의 노동은 뛰어난 기술의 노동에 비해 현저히 비효율적이기 때문이다. 하지만 직원 수가 줄더라도 '자발적 몰입'을 통한 잠재적 탁월성이 발현되면 오히려 생산성이 더 높아지게 된다. 자기 일을 진심으로 사랑하고 거기에 최선을 다하는 것, 곧 집중과 몰입이 오늘날 기업들이 조직의 성과를 늘리고 구성원의 삶의 질까지 높일 수 있는 결정적인 해법이다. 마음 챙김 명상이 이를 가능케 한다는 것이 과학적으로 입증되었기에 앞 다투어 마음챙김에 적극적으로 투자를 하는 것이다. 하지만 마음챙 김 명상을 단순히 생산성 도구로 활용하는 것은 바람직하지 않다. 기 본적으로 구성원들에 대한 존중감과 자유 의지에 바탕을 두는 것이 가장 중요하다.

한국의 대기업들도 세계적인 추세에 따라 마음챙김의 물결에 올라탔다. 한국을 대표하는 기업들은 모두 '세계 일류'라는 최종 목표 를 향해 전진하고 있다. 그 겹겹의 관문을 마음챙김 명상이라는 열쇠 로 따고 들어가고 있다. 삼성전자는 2017년 이후 경북 영덕에 연수원 을 건립하고 명상 프로그램을 본격적으로 실시하고 있다. LG디스플 레이는 경북 문경에 폐교를 활용한 힐링 센터를 개원하고 전문가의 도움 아래 명상을 통한 자신과의 소통, 오감 깨우기, 커뮤니케이션 훈 련을 진행하고 있다. 이 외에도 많은 기업이 마음챙김 프로그램을 도 입하기 위해 다양한 시도를 하고 있다.

물론 아직은 마음챙김이 기업 문화로 확고히 자리 잡았다고 말 하기 힘든 단계이다. 기업에서 자체적으로 키운 명상 전문가가 전무 하고 외부 프로그램도 제한적이며 피상적이기 때문이다. 현재는 힐 링과 정신적 안정 차원에서 마음챙김이 이해되는 실정이다. 그러나 인공 지능, 로봇 기술, 생명 공학, 사물 인터넷 등으로 요약되는 4차

산업혁명 시대에 효과적인 대응과 생존이라는 숙제를 떠안은 기업들에게 마음챙김은 더없이 유용한 도구가 되어줄 것이다. 거듭 강조하건대 창의적인 상품과 서비스를 통해 지속적으로 고성과를 창출하는 조직을 만들기 위해서는 구성원들의 자발적인 몰입이 필수적이기 때문이다. 자기 자신을 있는 그대로 사랑할 수 있는 사람만이 자기 일을 온전하게 사랑할 수 있다.

성공한 변호사의
마음챙김 이야기

제니스 마투라노(Janice Marturano)는 성공한 변호사다. 아침 식사로 먹는 시리얼 첵스(Chex)로 유명한 미국 식품회사 제너럴 밀스(General Mills)의 사회적 책임과 법률 부문 부사장을 지냈다. 무엇보다 그녀는 마음챙김의 세계화에 기여한 인물이다. 스위스 다보스에서 열리는 세계 경제 포럼(일명 다보스 포럼)에서 2013년 사상 최초로 전 세계 저명인사들을 대상으로 마음챙김 리더십 워크숍을 진행했다. 이듬해에는 저서 《생각의 판을 뒤집어라》가 노틸러스 북 어워드(Nautilus Book Awards) 비즈니스&리더십 부문에서 은상을 수상했다. 마음챙김 훈련을 통해 제너럴 밀스를 바꿨고, 현재는 마음챙김 리더십연구소 대표로서 세상을 바꾸고 있는 그녀의 인생 역정은 마음챙김이 왜 위대한지를 보여주는 살아 있는 교보재다.

2000년 초 제니스 마투라노는 제너럴 밀스에서 필스버리 컴퍼니(Pillsbury Company)를 인수하는 업무를 진행했다. 엇비슷한 규모의 두 회사가 합쳐지는 것이었기에 미국 실정법에 따라 미연방통상위원회로부터 독과점 금지 승인을 받아야 했다. 인수 합병 업무는 그녀가 늘 하던 일이었다. 그래서 처음에는 4~5개월이면 순조롭게 일이 마무리될 것으로 내다봤다. 하지만 예상과 달리 두 회사의 이해관계가 너무도 복잡하게 꼬여 있어서 해가 넘어가도록 일은 성사되지 않았다. 갖가지 법률 문제를 다루느라 하루 열네 시간 이상 사무실에 틀어박혀 있어야 했고 야근을 밥 먹듯이 했다. 산더미 같은 문서들과 씨름하고 두 회사의 임원들과 입씨름하느라 숨 돌릴 틈조차 없었다.

다행히 치열하게 노력한 결과 합병과 관련한 모든 실무가 큰 문제 없이 종료됐다. 홀가분한 마음으로 최종 책임자들의 결재를 기다리던 어느 날, 그녀는 지금껏 자신이 한 일이 얼마나 막중한 성격의 것인지를 깨달았다. 우연히 마주친 필스버리의 한 임원으로부터 "이 거래가 승인되지 않으면 필스버리 직원 1만 명이 직장을 잃게 될 것"이라는 말을 들었던 것이다. 예민한 성격의 소유자였던 그녀는 자신의 업무 능력이 만 명의 생존과 직결되어 있다는 생각에 잠이 오지 않았다. 퇴근은 사치로 느껴졌다.

엎친 데 덮친 격으로 정신없이 일에 치어 살던 어느 날, 어머니가 세상을 떠났다. 하지만 '일 중독' 앞에선 하늘이 무너지는 슬픔조차 남의 일이었다. 장례식 바로 다음 날 회사에 출근해 다시 업무에 매진했다. 일에 매몰됐다고 보는 편이 맞을 것이다. 설상가상으로 6개월 뒤에 아버지가 돌아가셨다. 삶의 중심이자 버팀목이었던 부모님을 순식간에 잃어버린 그녀의 비통함과 상실감은 이루 말할 수 없었다. 그럼에도 부모님을 위해 실컷 울지도, 마음껏 애도하지도 못하는 자신의 현실이 원망스러웠다.

우여곡절 끝에 제너럴 밀스와 필스버리의 거래가 원만히 성사되어 합병이 이뤄졌다. 그녀가 걱정하던 대량 감원 사태는 일어나지 않았다. 1년 반 동안 단 하루도 쉬지 않고, 부모님의 죽음을 슬퍼할 겨를도 없이 미친 듯이 뛰어왔던 그녀에게 이제는 숨 좀 돌리면서 쉴 일만이 남은 것 같았다. 그러나 그런 일은 일어나지 않았다. 더 이상 야근을 하지 않아도 되었지만, 한번 소진된 에너지는 좀처럼 회복될 기미를 보이지 않았다. 초인적인 근면 성실과 솔선수범으로 직장 내 생존 경쟁에서 살아남은 사람들이 겪는 보편적인 패턴이다. 평범한 일상으로 복귀할 수 있는 회복탄력성을 완전히 상실해버린 것이다.

이른바 번아웃(Burn-Out) 증후군에 걸린 그녀는 극심한 무기력과 우울증에 시달렸다. 마음은 몽땅 타버린 잿더미가 되었고, 다시 일어날 수 있는 여력도 의지도 잃어버렸다. 불쑥불쑥 자신을 휘감는 부정적 충동이 두려웠고, 돌파구를 찾기 위해 발버둥 쳤다. 1주일 정도 휴가라도 다녀오면 나을까 싶어 웹사이트에서 리조트를 검색하다가 마침 '기업의 경영진과 간부를 위한 존 카밧진의 수련회'라는 특별 프로그램을 발견했다. 마음챙김 명상으로 마음을 치유한다는 아이디어에 강한 호기심이 생긴 그녀는 휴가를 내고 며칠간 마음챙김 수련을 체험했다. 그리고 그것은 그녀 인생 최고의 선택이 되었다.

제니스 마투라노가 마음챙김 명상으로 얻어낸 것은 현재에 머무는 능력이다. 이 발견으로 진정한 나, 곧 나의 신체와 감정과 정서

가 하나로 연결되는 지점에 도달할 수 있었다. 그녀는 여러 가지 업무를 동시에 처리하는 멀티태스킹을 감당하면서, 마치 단거리 육상 선수처럼 오직 성공이라는 목표를 향해 질주해 왔다. 단 한 번도 현재에 멈추어 자신을 느긋하게 관조해본 적이 없었다. 이후 그녀는 마음챙김을 습관으로 길들였다. 매일 꾸준히 명상을 했고, 현재에 머물러 있는 그대로 자기의 모습을 받아들이고 사랑하는 법을 터득했다. 결정적으로 과거의 관성으로부터 자유로워질 수 있었다. 회의에 집중하지 못한 채 벌써 내일 있을 회의를 고민하거나, 점심을 먹으면서 이메일을 체크하는 통에 수프 맛을 전혀 느끼지 못하는 자신을 알아차렸다. 마음챙김 수련으로 의식적인 각성을 발달시키면서 부산하고 혼란스러운 마음에 작은 여백이 생겼다. 누구보다 부지런히 살고 있지만, 정작 자기가 사는 것이 아니라 삶에 휩쓸려 다니고 있음을 통찰했다.

　명상을 시작하고 몇 년 동안 그녀는 자신이 명상을 한다는 사실을 주변에 알리지 않았다. 남들이 이해하지 못할 거라고 생각했기 때문이다. 매사에 냉철하고 공격적이어야 하는 변호사가 한가롭게 명상이나 하고 있다고 손가락질하거나, 일하기 싫어 딴청을 피운다거나, 이상한 여자가 되었다는 등 괜한 험담이나 들을 게 뻔했다. 그래서 한동안은 회사 밖에서만 명상 전문가가 되기로 했다. 명상에 관한그녀의 안목은 조용하지만 빠르게 성장했다. 마침내 매사추세츠 의과대학교 산하 '의료, 건강 돌봄, 사회에서의 마음챙김 센터' 대표인

사키 산토렐리(Saki Santorelli)와 마음챙김 리더십 커리큘럼을 공동 개발했다. 이후 마음챙김 리더십 수련회를 5년 가까이 함께 이끌었다. 명실상부한 명상 전문가가 되었고, 마음챙김 명상으로 자신이 몸담은 조직을 변화시킬 수 있다는 확신을 얻었다.

어느 날 조직 혁신과 관련한 임원 회의가 열렸다. 주제는 '무엇이 창조적 과정을 막으며, 창조적 과정을 독려하려면 어떻게 해야 하는가'였다. 그녀는 까다롭고 권위적인 경영진에게 마음챙김을 권유하고 싶었다. 그래서 일단 사키 산토렐리와 함께 만든 4일 과정의 '마음챙김을 통한 리더십 키우기' 프로그램에 임원들을 참여시켰다. 참가자들은 한결같이 놀라운 변화를 경험했다고 소감을 밝혔다. 마음챙김 수련에 대한 관심은 빠르게 확산됐다. 고위 임원들은 중간 관리자들에게 그녀가 고안한 프로그램의 우수성을 칭찬했고, 중간 관리자들은 어떻게 하면 자기 부서의 직원들을 마음챙김으로 이끌 수 있을지 그녀에게 물어왔다. 이에 부응해 그녀는 '마음챙김 리더십과 건강'이라는 7주 과정의 프로그램을 개발했다. 뒤이어 신임 관리자들을 위한 수련 프로그램을 개발해달라는 요청이 들어와 '다르게 리드하기: 의도적인 멈춤의 힘'이라는 2일 과정의 프로그램을 개발했다. 그 결과 지위 고하를 막론하고 회사 구성원들의 집중력이 놀라울 정도로 향상됐다. 개인은 행복해졌고 조직은 발전했다.

세상을 바꾸는 리더의
네 가지 조건

어떤 조직이든 리더의 역할과 책임이 중요하다. 탁월한 리더십은 조직을 살려내지만, 개인적으로 리스크를 가진 리더들은 조직을 위험에 빠뜨리기도 한다. 흔히들 리더는 업무 능력 부족으로 실패하는 것이 아니라고 말한다. 자신을 너무 과대평가하거나, 감정 관리에 실패하거나, 실수에 대해 지나치게 방어적이고 감정적으로 대응하는 것 등을 주된 원인으로 꼽는다. 말하자면 자기 자신에 대한 객관적인 이해 부족이다. 자기 인식 또는 자기 자각(self awareness)의 결여가 실패한 리더의 전형적인 특징인 셈이다. 컨설팅 회사인 액센츄어(Accenture)는 글로벌 CEO 100명을 분석해 열네 가지 핵심 역량을 도출한 바 있다. 이 중 상위는 '자기 인식' 능력이었다. 하지만 이것에 관심을 갖고 체계적으로 관리하는 회사는 거의 없었다.

마음챙김 리더십을 구현하는 리더들은 열린 마음, 열린 가슴, 자기 인식, 인내, 겸손, 믿음, 협동, 연민심 등과 같은 바람직한 성정이 눈에 띄게 강화된다. 제니스 마투라노는 마음챙김 리더십 훈련을 통해 이러한 특성을 기르고 강화할 수 있는 구체적인 방법론과 프로그램을 개발했다. 지침은 아주 간단하다. 먼저 매일 10분씩 호흡 명상,

소리 명상, 의자 명상 등 주제에 맞춰 명상한다. 그리고 하루를 보내면서 마음이 방황하는 것을 알아차리고 주의를 한곳에 모으는 의도적 멈춤 시간을 갖는다. 마지막으로 리더로서 성찰의 시간을 정기적으로 갖는 것이다. 성찰 연습법으로는 탁월한 리더십 성찰, 일정표 성찰, 영감에 관한 성찰, 나의 가치에 대한 성찰 등을 제시한다.

리더가 세상을 바꾼다. 이것이 리더에게 마음챙김이 필요한 이유이다. 어떤 조직에서든 탁월한 리더는 다음의 네 가지 조건을 갖춰야 한다. 집중력, 명료성, 창의성, 연민. 제니스 마투라노가 마음챙김 명상을 통해 제너럴 밀스의 구성원들에게 가르친 게 바로 이것이다. 이 중에서 특별히 연민을 조금 더 강조하고 싶다. 리더에게 연민은 자신은 물론이고 고통에 처한 구성원들을 외면하지 않고 돌보는 힘이다. 중요하지만 그동안 간과했던 역량이다. 코로나 팬데믹 이후 고통이 일상이 된 세상에서 연민은 공감과 소통, 상생과 발전을 위해 절실히 요구되는 리더의 자질이다.

집중력 : 진행하고 있는 프로젝트에 주의를 집중하지 못하면 생산성이 떨어지게 마련이다. 회의할 때나 대화할 때도 마찬가지다. 마음챙김 훈련을 통해 우리는 마음이 현재를 떠나 다른 곳으로 배회하는 순간을 알아차릴 수 있게 된다. 쓸데없는 잡념과 고민으로 방황하는 마음이 현재로 되돌아온다. 명상에 숙달될수록 더 빨리 알아차리게 된

다. 목표를 명확하게 세울 수 있게 되고, 거기에 도달하기 위해 꾸준히 집중하는 힘이 길러진다. 다른 사람들과 연결되는 능력도 강화된다.

명료성 : 눈코 뜰 새 없이 바쁜 회사 생활에서 우리는 하나의 일을 끝내자마자 다른 일을 처리하느라 정신이 없다. 그런 와중에 정작 눈앞의 가장 중요한 것을 놓치기 일쑤다. 보고 싶은 것만 보거나 보라고 시킨 것만 보는 습관 속에서, 진짜 문제가 아니라 걱정만 보게 된다. 마음챙김 리더십 훈련은 현재의 문제를 또렷이 직시하는 능력과 기존의 습관적 시각에서 벗어난 혁신과 도전적 관점을 길러준다.

창의성 : 우리의 내면 깊숙한 곳에 시간의 흐름에 따라 경험하고 학습한 중요한 내용들이 저장된다. 그것이 바로 지혜다. 그런데 끊임없이 이어지는 사고의 흐름은 내면의 지혜가 의식의 표면으로 떠오르는 것을 방해한다. 마음챙김 훈련은 기존의 통념과 관성으로부터 의식을 해방시킨다. 과거의 생각들과는 전혀 다른 생각들과 관계를 맺을 수 있다. 훈련 과정에서 우리는 창의성을 위한 공간을 더 많이 확보할 수 있다.

연민 : 자비가 없으면 리더가 아니다. 연민은 리더라면 반드시 갖춰야 할 덕목이다. 회사가 진정으로 발전하려면 고객만이 아니라 직원

들의 마음을 사로잡아야 하는 법이다. 최고의 리더는 자신의 행복을 돌보는 동시에 타인을 위해서도 헌신한다. 위대한 리더들에게는 누구에게나 연민의 감정이 있었고, 궁극적으로 이것이 인류의 성장과 번영을 이끌어 왔다. 그럼에도 대개 자비와 연민은 생산성과는 거리가 멀거나 감상주의적인 산물이라는 오해를 받으며 저평가되거나 배제되어 왔다. 마음챙김 훈련의 가장 큰 의의는 사람들에게 누군가를 진심으로 사랑할 수 있는 능력을 길러준다는 것이다. 사랑받는다고 느끼는 사람만이 타인에게 사랑을 베풀 수 있다. 회사로부터 사랑받는다고 느끼는 사람은 회사를 위해 헌신하게 마련이다. 마음챙김 훈련은 물질적 보상이나 인사상의 혜택 없이도 조직을 위해 이바지할 수 있는 인재를 양성한다.

감정을 다스리면
생산성이 높아진다

직장인은 힘들다. 관리자든 실무자든 각자의 위치에 따라 역할이 있고 책임이 따른다. 조직에서 원하는 성과를 창출하기 위해서는 한시도 긴장을 풀 수 없다. 특히 감정 노동자의 스트레스는 이루 말할 수 없다. 업무 수행 과정에서 자신의 진짜 감정과는 전혀 다른 감정을 수시로 표현해야 하기 때문이다.

감정 부조화로 인한 괴로움은 콜 센터 근무자들이 압권일 것이다. 여러 가지 감정 직무 가운데 콜 센터 업무는 다른 업무에 비해 스트레스가 매우 높다. 특정 감각(귀와 입)을 반복적으로 사용해야 하며, 고객의 언어폭력에 정서가 소진되기 쉽다. 매일같이 화난 고객을 상대하기 때문에 심리적 고통 수준이 높고 분노와 우울 역시 많이 경험하게 된다.

남의 하소연을 들어주는 일만큼이나 고된 일도 드물다. 더군다나 상대방의 부정적 감정이 자신에게도 전염된다. 이에 근래에 들어서는 회사에서 이들의 스트레스 관리를 위해 많은 시간과 비용을 쓰고 있다. 하지만 대부분 스트레스를 사전에 예방하고 차단하기보다는 '사후약방문' 식의 프로그램이 대부분이다. 상한 음식을 먹고 사후에 약을 먹는 것만큼 바보스러운 짓도 없다. 근본적인 해결 방법은 상한 음식을 먹지 않는 것이다.

마음챙김 명상은 미리미리 스트레스의 생성을 막고 평상심을 꾸준히 관리할 수 있는 능력을 길러준다. 전화를 받는 순간에 고객에게 반응하는 자신을 알아차릴 수 있게 되고, 불평하는 고객들에게 연민심을 낼 수도 있게 된다. 이로써 정서 소진 또는 번아웃을 유발하는 공감 피로(empathy fatigue)를 획기적으로 줄일 수 있게 된다. 자기도 모르게 상황에 자동조종 모드로 반응하지 않게 되고, 현재 순간에 본인이 의도적으로 선택을 해서 편안한 상황을 스스로 조성할 수 있게 되는 것이다. 실례로 BOA(Bank Of America)에서 콜 센터 직원들에게 마음챙김 명상 프로그램을 도입한 결과, 직원의 이직률이 줄어들었을 뿐만 아니라 생산성과 고객 만족도가 비약적으로 올라갔다.

무진어소시에이츠㈜에서는 최근 국내 콜 센터 직원을 대상으로 하는 5주간의 마음챙김 명상 프로그램을 독자적으로 개발했다. 매주 1회 한 시간 교육과 실습을 하고, 1주일간 자체적으로 훈련을 실시하는 방식이다. 매일 마음챙김 명상을 오디오로 10분간 연습한 뒤에 업무를 시작하고, 점심시간에 다시 5분간 연습한다. 이렇게 5주간 학습하면 스스로 스트레스를 관리할 수 있는 핵심 기술을 확보해 활용할 수 있게 된다. 개인의 삶이 정서적으로 풍요로워지면 콜 센터의 생산성도 당연히 좋아질 수밖에 없다.

마이크로소프트의
성장 마인드셋

"Why I'm into meditation(내가 명상에 빠진 이유)." 마이크로소프트의 창업자 빌 게이츠가 지난해 말 자신의 블로그에 올린 글의 제목이다. 그동안 그는 명상을 이상한 소리나 내는 종교 행위 정도로만 생각했다. 그러다 '헤드스페이스'라는 명상 앱을 알고 난 후 일주일에 두세 번씩, 10분 이상 꾸준히 명상을 하고 있다고 한다.

Mindful Growth: Acceleration our transformation towards a growth mindset(마인드풀 성장: 성장 마인드셋으로의 변화를 가속화). 2016년 가을 마이크로소프트의 '엣지(Edge)' 프로그램 총괄 담당인 찰스 모리스(Charles Morris)가 제안한 마음챙김 기반 성장 프로그램의 제목이다. 그가 제안한 마인드풀 성장의 핵심은 마이크로소프트 최고 경영자인 사티아 나델라(Satya Narayana Nadella)가 추구하는 조직 문화 방향성과 아주 긴밀히 연결돼 있다. 나델라는 2014년 취임과 함께 자신의 첫 번째 사명을 '문화를 바꾸는 것'으로 규정했다. 그리고 이른바 성장 마인드셋(Growth Mindset)을 키워드로 삼았다. 성장 마인드셋이란, 자신의 재능과 실력은 타고난 것이며 더 이상 발전의 여지 없이 불변하고 고정되어 있다는 통념을 깨는 것이다. 일정한 수준에 정체되어 잠재력을 발휘하지 못하는 고정 마인드셋(Fixed Mindset)의 반대 개념이다. 현재 자신이 가진 재능을 성공의 끝이 아니라 또 다른 성장의 출발점으로 바라보고, 자신의 잠재력을 발휘해 최고의 성과를 창출하자는 혁신적인 발상이다.

찰스 모리스는 사티아 나델라의 이러한 신(新)사고에 날개를 달아주었다. 마음챙김 프로그램과 성장 마인드셋을 통합해 실행함으로써 마이크로소프트 최고 경영자가 추구하는 조직 문화 변혁의 속도를 비약적으로 가속시켰다. 나델라의 선언은 찰스 모리스가 소속된 WDG(Window & Devices Group) 사업부 내 HR 리더십팀에 최초로 공유됐다. 두 번의 미팅 후 2017년 3월, 30명이 참여하는 8주 파일럿 프로그램을 만들어 진행했다. 참가자 모집 공고를 낸 지 다섯 시간 만에 정원이 마감될 정도로 직원들 사이에서 큰 인기를 끌었다. 파일럿 프로그램은 매회 세 시간씩 매주 금요일에 열렸다. 교육 내용은 주제에 대한 강의, 프로그램의 과학적 근거 설명, 명상 실습, 저널링, 명상 체험에 대한 소감 발표와 공유, 그리고 질의응답으로 구성됐다. 일주일 동안 명상 실습을 한 참가자들에게는 명상을 통해 얻은 것들을 실제 삶에서 실천하는 과제가 주어졌다. 8주간의 프로그램 종료 후 참가자 30명 중 21명에게 받은 피드백이 매우 고무적이었다. 회사에서 받은 그어떤 리더십 교육보다 치밀하고 실용적이었다며 호평 일색이었다.

찰스 모리스는 참가자들의 소감을 종합하면서 몇 가지 의미 있는 시사점을 발견했다. 그중에 하나는 마음챙김에 대한 회사 구성원들의 욕구가 상당히 크다는 것이었다. 모두에게 생소한 프로그램이었지만 참가자들은 상호 공명을 일으키면서 진지하고 적극적으로 참여했다. 마음챙김 프로그램은 누군가 강요하거나 의무감으로 참가하면 그 효과가 크게 떨어지게 마련이다. 프로그램의 효과를 높이는 방법은 자발성과 지속성이다. 정신적 습관의 개선을 위해서는 8주 이상의 충분한 시간과 실천이 중요하다. 8주, 두 달이 그리 긴 시간은 아니다. 분명히 말할 수 있는 건 8주만 투자하면 인생이 완전히 달라진다는 것이다.

명상은 꾸준하고 정기적인 수련과 생활에서의 실천을 통해서 그 안목이 향상된다. 그러므로 회사가 해주어야 할 일은 직원들이 명상 습관을 유지할 수 있도록 독려하고 지원하는 일이다. 명상을 주제로 한 자발적인 소모임 활동을 유도하고, 오디오 가이드·수행일지·명상 앱·뇌파측정기 등 다양한 학습 지원 도구를 제공하는 것도 도움이 된다. 가장 적극적인 방식은 사내에 명상 공간을 마련하는 것이다. 실제로 마이크로소프트 본사에는 건물의 각 동마다 직원들이 업무 시간 중에 언제나 이용할 수 있는 명상실이 있다. 구글도 마찬가지다. 미국판 '배달의 민족'이라고 할 수 있는 '도어대시(Doordash)'는 샌프란시스코 한복판에 있는 본사 건물에 층마다 명상실을 배치했다. 글로벌 기업에게 명상은 이미 경영의 한 축이라고 해도 과언이 아니다.

법조인들을 위한
멘탈 관리술

일류 기업 간의 법적 분쟁은 그야말로 돈 싸움이다. 경영권이든 특허권이든, 천문학적인 액수의 이익을 두고 공방을 벌인다. 그리고 세계적인 법률 회사들이 이들의 소송을 대리한다. 글로벌 로펌에는 전 세계에서 가장 유능한 변호사들이 최고의 대우를 받으며 일하고 있다. 이들은 고도로 숙련된 전문가들이고 일반인들에게는 부러움의 대상이다. 그래서 얼핏 하늘 위를 걷는 사람들로 보이지만, 사실 이들의 마음속은 지옥에 가깝다. 세상에 공짜는 없다. 엄청난 부와 명성만큼이나 그에 상응하는 높은 수준의 스트레스와 불안을 갖고 사는 경우가 많다. 최근 법조계에서 마음챙김 명상을 도입하고 있는 것은 어쩌면 당연한 일이다.

미국의 변호사 중 상당수가 알코올이나 마약에 의존하고 있다. 수면 장애는 물론 대인 관계에서도 심각한 어려움을 겪는 변호사가 부지기수다. 1990년 워싱턴과 애리조나에 있는 1,148명의 변호사를 대상으로 한 연구 결과, 우울증 환자가 일반인 평균인 3~9%를 훨씬 상회하는 19%로 나타났다. 또한 18%는 심각한 알코올 중독자였다. 2016년에는 미국 내 12,000명의 변호사를 상대로 스트레스, 불안, 우울, 약물 남용의 정도 등을 조사했는데, 이들 중 20%가 정상 범위를

이제 당신이 명상을 해야 할 때

넘어서는 수치를 기록했다. 의뢰인에게 수조 원의 돈을 벌어다 주려면 응당 수조 원짜리 스트레스를 짊어져야 하는 법이다.

변호사들의 아픔은 변호사들이 가장 잘 아는 법이다. 동병상련이다. 뉴욕, 캘리포니아, 애리조나, 매사추세츠, 콜로라도, 덴버, 플로리다 등 미국 10여 개 주(州) 지역 변호사 협회에서는 소속 변호사들의 스트레스 감소와 업무 능력 향상을 위해 다양한 마음챙김 명상 프로그램을 제공하고 있다. 마음을 치유해줄 강연회도 자주 개최한다. 또한 각 주에서 자체적으로 만들어진 변호사들 명상 그룹(Contemplative Lawyers Group)도 활동 중이다. 협회의 산하 단체 또는 비공식적 모임 형태로 마음챙김 명상을 수행하는 그룹이 꾸준히 생겨나고 있다. 이들은 정기적으로 모여 명상을 하거나 명상 수련회에 참여하고 있다. 미국 변호사 협회(American Bar Association)에서는 변호사를 위해 명상의 가치와 방법을 소개하는 책자를 출판하고 있기도 하다. 정신 건강과 사고력 증진, 의뢰인에 대한 친절, 공동체에 대한 관심 등을 위한 실용적인 수단으로 마음챙김 명상을 적극 권유하고 있다. 명상을 장려하는 협회에 소속된 변호사들은 일과 삶에서 균형을 유지하고 보다 넓은 시야와 열린 가슴으로 업무를 수행하고 있다.

마이애미대학교 법대에서 법조인을 위한 마음챙김 프로그램을 개발한 스콧 로저스(Scott L. Rogers) 교수는 마음챙김 프로그램이 법조인에게 필요한 이유를 다음과 같이 설명한다. "마음챙김은 인지 능력,

정서 지능, 건강과 웰빙을 증진시키는 멘탈 훈련 프로그램이다. 유능한 변호사가 되기 위해서 필요한 고객 중심 자문 역량, 심도 깊은 사고력, 재판에서 이기기 위한 창의적인 법률 해석과 문제 해결력을 강화시킨다." 마음챙김 훈련은 우리의 생각, 느낌, 몸의 감각 등 모든 것을 있는 그대로 받아들일 수 있도록 해준다. 이러한 훈련을 통해 재판 현장이든 고객의 의견을 듣는 자리에서든, 현재 자신에게 일어나고 있는 일에 주의를 집중해 그것을 있는 그대로 받아들일 수 있게 된다. 즉 편견을 가지지 않고 세상을 바라보는 힘을 얻는 것이다.

최근에는 변호사들을 위한 맞춤형 프로그램이 제작되는 추세다. 변호사 출신인 카렌 기포드(Karen Gifford)와 지나 조(Jeena Cho)는 《불안한 변호사(The Anxious Lawyer)》라는 자신들의 저서를 통해 변호사들을 위한 8주 명상 프로그램을 소개한다. 이미 과학적으로 검증되어 널리 활용되고 있는 이른바 '법조형' 마음챙김 명상이다. 이 프로그램은 바디 스캔, 호흡 집중 명상, 자신과 타인을 위한 연민, 만트라 명상, 감사 명상 등으로 구성돼 있다. 책을 기본 교재로 하며 웨비나(Webinar), 페이스북 커뮤니티, 동영상 학습 자료, 인사이트 타이머(무료 명상 앱) 등을 가미해 학습 커뮤니티로 운영하고 있다.

2012년 영국계 허버트 스미스와 호주계 프리힐즈가 합병되면서 탄생한 다국적 로펌 허버트 스미스 프리힐즈(Herbert Smith Freehills)도 주목받고 있다. 국제 중재와 자원 개발 분야가 강점인 이 로펌은 서울에도 사무소를 두고 있다. 17개 국가에 24개 사무소를 가지고 있으며 소속 변호사 수만 약 2,800명에 이르는 아시아태평양 지역 최대 로펌이다. 합병 이후 허버트 스미스 프리힐즈 호주 사무소에서 구성원들의 집중력(focus)과 명확성(clarity)을 강화할 필요성이 제기되었다. 새로 합병된 조직과 글로벌 차원에서의 협력과 연결성을 확보하고, 업무 전반에 걸친 성과를 창출해내기 위해서였다. 이를 위해 호주 법조계 최초로 기업 기반 마음챙김 명상 프로그램(Corporate Based Mindfulness Training Program)을 내부 지도자 육성 방식을 통해 도입했다. 마음챙김 명상을 지속적으로 훈련함으로써 빠르게 변화하는 내외부 고객의 니즈에 효과적으로 대처하고 조직의 성장과 번영을 리드할 수 있으리란 믿음 때문이었다. 믿음은 현실이 됐다. 프로그램 실행 후 구성원의 집중력이 45%, 몰입도는 17%, 일과 삶의 균형은 34%, 업무 효율성은 35% 상승했다. 반면에 업무 중에 받는 스트레스는 35%, 멀티태스킹은 18% 감소한 것으로 나타났다. 또한 참가자 전원이 자신이 참여한 프로그램을 동료들에게 추천했다. 고객이 직면한 독특하고 난해한 문제들을 효과적으로 공략하고 해결하는 데 마음챙김이 크게 도움이 된다고 입을 모았다.

변호사들을 양성하는 로스쿨에서도 마음챙김은 인기다. 2000년 중반 이후 미국 내 10여 개 로스쿨에서는 마음챙김 명상 수업을 정식 교과 과정으로 신설했다. 기존 교과 과정과 통합해서 운영하기도 한다. 이 분야에서는 샌프란시스코 로스쿨의 론다 메기(Rhonda V. Magee) 교수가 선두 주자다. 그녀는 과거에 법학이 외부 관찰과 추론에 전적으로 근거했다면, 미래는 과거 모델에서 벗어나 내적 관찰과 성찰을 포함하는 새로운 모델로 패러다임을 옮겨가야 한다고 말한다. 로스쿨 학생들과 법률가들에게, 단순히 사고가 아니라 사고 그 자체를 사고하는 '메타인지(Metacognition)'를 가르쳐야 한다고 주장하는 대표적인 인물이다. 그래야만 더욱 명징하고 객관적인 사실에 도달할 수 있기 때문이다. 이를 위해 그녀는 명상을 법학 교육의 중심으로 가져와야 한다고 목소리를 높인다. 현재 미국의 로스쿨 중에서는 마이애미 로스쿨이 가장 적극적으로 마음챙김을 활용하고 있다. '법에서의 마음챙김(Mindfulness in Law)', '마음챙김 윤리학(Mindful Ethics: Professional Responsibility for Lawyers in the Digital Age)', '마음챙김과 리더십(Mindfulness & Leadership)' 등이 정식 교과목으로 운영 중이다.

이제는 국내 법조인들도 명상에 관심을 가져야 할 때다. 서울 변호사 협회에 따르면, 변호사 시험 합격자 수를 현재와 같은 1,500명으로 가정하고 변호사의 은퇴 시점을 75세로 잡았을 때 2050년에 변호사 수가 7만 2,952명까지 급증할 것이라고 한다. 변호사 1인당 연간 수임 건수가 2014년 20건에서 2050년 5.93건으로, 연간 순수익은 2014년 4,344만원에서 2050년 1,521만원 수준까지 급격히 떨어질 것이라는 예측도 나온다. 고수익 전문직을 대표했던 변호사라는 직업이 머지않아 수입 측면에서 편의점 아르바이트 수준으로 떨어질 것이라는 암울한 전망이다. 법률 시장 개방에 따른 외국 로펌의 국내 시장 진출까지 감안하면, 국내 법률 시장은 그야말로 제 살 깎아 먹기의 전쟁터가 될지도 모른다. 이처럼 치열해지는 시장에서 살아남으려면 무조건 차별화된 경쟁력을 가져야 한다.

아직은 법조인이 사회적으로 인정받고 사회를 이끌어가는 전문 직업군 대접을 받고 있지만, 그 위상이 점차 낮아지고 경쟁·강도는 날이 갈수록 심해지고 있다. 전보다 훨씬 힘들어졌고 앞으로는 더 그럴 것이다. 이제 국내 법률 시장에서도 명상이 필요해 보인다. 스트레스 관리를 위해, 판단력 등 업무 능력 강화를 위해, 고객에 대한 서비스 개선을 위해, 법조인으로서 윤리 강화를 위해, 전문가로서 자존감 회복을 위해, 로스쿨 학생들의 인성 교육을 위해, 로펌의 조직 경쟁력 강화를 위해 말이다. 그런데 이것이 비단 변호사들에게만 해당하는 얘기일까? 그렇지 않다. 어느 분야에서든 최고의 경쟁력은 멘탈을 잡는 것이다. 멘탈을 잡는다는 건 자기 자신에 대한 확신을 잃지 않는 것이다. 삶에 대한 긍정이 선행될 때 노동의 긍정이 가능해진다. 스스로를 부처라 여기고, 자신이 지금 하고 있는 일을 부처의 일로 여길 때, 비로소 깨달음을 이룰 수 있고 참다운 인생을 살 수 있다.

5
장

워라밸을 위한
마음챙김 기술

마음챙김은
내가 선택하는 삶이다

"편안한 자세로 허리는 펴고 가슴은 활짝 열어준다. 숨을 깊게 들이마시고 길게 내쉬는 심호흡을 세 번 해본다. 숨을 쉴 때마다 몸이 팽창하고 수축되는 것을 바라본다. 편안하게 존재하면서 호흡하는 이 순간을 바라본다. 30초 동안 호흡하는 이 몸을 바라본다."

명상은 절대 어려운 것이 아니다. 손쉽게 할 수 있다. 단순한 습관이다. 짧은 시간이라도 매일 마음챙김 훈련을 하면 뇌 구조가 행복하게 바뀐다. 마음챙김은 개인의 잠재력과 즐거움을 확장시켜준다. 그리고 개인이 행복해지면 조직도 행복해진다.

직장인들은 최소 하루의 3분의 1 이상을 회사에서 보낸다. 출퇴근 시간과 야근, 회식 자리까지 포함하면 절반에 가까운 시간을 노동에 써야 한다. 대한민국에서 열에 아홉은 이러한 수고를 견디고 반복해야 한다. 이러한 의무를 저버리면 빈곤을 감수해야 하고, 심하면 노숙을 각오해야 한다. 말하자면 절대다수에게 노동은 절대적이며 직장은 자신의 인생을 걸어야 하는 공간이다.

어떠한 삶을 살아갈지는 자기 선택에 달렸다. 직장에서도 마찬가지다. 삶의 의미는 무슨 일을 하고 있느냐가 아니라 어떤 마음으로 일하느냐에 따라 정해진다. 무의식적이고 습관적으로 살고 있다면 '마음놓침(Mindlessness)'의 삶을 살아가는 것이고, 의식적이고 선택적으로 살고 있다면 '마음챙김(Mindfulness)'의 삶을 살아가고 있는 것이다.

예전에는 사람들이 업무 하나하나에 주의를 집중할 수 있었다. 그러나 지금은 이른바 멀티태스킹이 대세인 시대다. 끊임없이 이어지는 전화와 문자와 이메일, 걸핏하면 열리는 이런저런 회의의 물결 속에서 우리는 업무에 몰입하기가 매우 어렵다. 뇌의 과부하를 부르는 정보의 홍수와 극도로 산만한 환경 아래에서 일하고 있다.《1초의 여유가 멀티태스킹 8시간을 이긴다》의 저자 라스무스 호가드(Rasmus Hougaard)는 이러한 현상을 'PAID' 현실로 정의했다. 압박(Pressure), 상시 연결(Always on), 정보 과부하(Information overload), 산만한(Distracted)의 앞 글자에서 따온 개념이다. 현대 사회의 특징인 'PAID'가 집약된 상황 속에서 우리 삶은 피폐하게 소비(paid)되고 있다.

지금 이 글을 읽는 순간에도 당신은 딴 데 정신이 팔려 있을지 모른다. 벌써부터 다음에 해야 할 일들에 마음이 가 있을 수도 있다. 우리는 'PAID' 현실 때문에 주의를 조절하는 능력을 점점 상실하고 있다. 하지만 마음챙김 훈련을 통해 다른 방식으로 반응하도록 우리 뇌를 변화시킬 수 있다. 주의를 집중하고 알아차림 능력을 향상시켜서 의식의 날카로운 집중력과 명료성을 가질 수 있다.

직장인을 위한
일곱 가지 조언

바쁘게 돌아가는 일과 속에서 어떻게 하면 틈틈이, 그리고 꾸준히 마음챙김을 할 수 있을까? 영국의 유명한 마음챙김 지도자인 샤마스 앨리디나(Shamash Alidina)가 제시한 방법을 살펴보자. 앨리디나가 권하는 일곱 가지 방법에 필자의 생각을 담아 재정리했다.

하나, 의식적으로 현재에 주의를 두어라. 마음챙김의 핵심은 주의 집중이다. 직장에서 마음챙김을 한다는 것은 습관적인 행동을 무의식적으로 반복하는 일을 멈추는 것이다. 대신 자기 주위에서 일어나고 있는 일, 자기 내면에서 일어나는 일에 주의를 기울이는 것을 말한다. 예를 들어 보고서를 작성할 때 마음챙김을 한다는 것은 보고서를 작성하는 일에 온 정신을 기울이는 것을 의미한다. 즉 현재 하고 있는 일에 몰입해 최선을 다한다는 뜻이다. 현재 하고 있는 일에 집중하지 못하고 마음이 방황할 때, 우선 그 방황하는 마음을 인정하고 받아들인다. 그리고 나서 다시 하고 있는 일에 주의를 돌려 집중한다. 이를 위해서는 매일 업무 시작 전에 의도적으로 마음챙김하는 시간이나 상황을 미리 정해 놓는 것이 좋다.

둘, 마음챙김 습관은 매일 한 번의 호흡만으로도 충분하다. 마음챙김의 또 다른 핵심은 습관으로 길들이는 것이다. 정기적으로 실천하는 것이 중요하다. 습관은 우리 뇌가 마음챙김 상태로 더 쉽게 들어갈 수 있도록 도와준다. 물론 직장에서 마음챙김 훈련을 하기 위해 따로 30분 정도의 시간을 내기가 불가능할 수도 있다. 하지만 걱정하지 않아도 된다. 마음챙김 훈련은 오래 하는 것이 능사가 아니다. 원하는 시간만큼 짧게 해도 상관없다. 심지어 한 번의 호흡만으로도 충분하다. 중요한 것은 매일 반복하는 것이다. 자신이 가장 편안하게 마음챙김 훈련을 할 수 있는 시기를 정해두도록 한다. 일례로 출근해서 업무를 시작하기 전에 커피 한잔을 마시면서 할 수도 있다. 휴식 시간이나 점심시간 전후도 좋다. 일정한 시간과 상황에서 자신만의 마음챙김 루틴을 만들어 습관화하는 것이 관건이다. 오늘부터 당장 하루에 한 번씩이라도 호흡을 알아차리는 습관을 들이자.

셋, 싱글태스커(Single-Tasker)가 되어라. 다수의 연구 결과, 여러 가지 일을 동시에 하는 멀티태스킹은 거의 효과가 없다는 것이 밝혀졌다. 신경학적 관점에서 보면, 우리는 선천적으로 동시에 두 가지 일에 주의를 집중할 수 없다. 멀티태스킹을 한다고 생각하지만 실제로는 시프트태스킹(Shift-Tasking)일 뿐이다. '동시 업무'가 아니라 '업무 전환'에 지나지 않는 것이다. 멀티태스킹은 환상이다. 효율성이 떨어지고 실수만 더 잦아지며 집중력과 창의성이 약화되기만 한다. 마음챙김 훈련은 멀티태스킹의 덫에서 벗어나게 해준다. 항상 깨어 있는 마음으로 현재 하고 있는 일에 집중할 수 있는 힘을 가져다준다. 한 번에 한 가지 일에 몰입할 수 있도록 해주는 마중물이다. 어렵게 생각할 필요 없다. 밥 먹을 때는 밥맛을 느끼는 데만 집중하고, 대화할 때는 상대방의 이야기에 집중하고, 업무할 때는 업무에만 집중하는 것이다. 오로지 그것이 당신의 인생을 진정으로 바꿀 저력이자 경쟁력이다.

넷, 1초의 여유를 가져라. 일상의 대부분은 자동조종 모드로 돌아간다. 직장에서도 마찬가지다. 업무에 익숙해지면 습관적으로 일하게 된다. 그러면 변화에 둔감해진다. 조그만 변수에도 당황하게 되고 주의력이 현저히 떨어진다. 사소한 실수에서 비롯되는 대형 사고는 이렇듯 약해진 주의력 때문인 경우가 많다. 마음챙김이 느슨한 정신에 명약이 될 수 있다. 매일 경험하는 것을 새롭게 볼 수 있는 힘을 길러주기 때문이다. 나도 모르게 자동적으로 작동하는 뇌를 깨워서 현재에 집중할 수 있도록 해준다. 늘 깨어 있는 마음으로 살아가려면 마음에 알람을 설정해두는 것이 좋다. 예를 들어 일정 시간이 되면 스마트폰에서 진동을 울리게 해 그 시간에 반복적으로 마음챙김하는 방법이 있다. 명상 앱을 활용하는 것도 좋다. 또는 전화나 문자 메시지가 올 때 즉각적으로 받는 대신 의도적으로 1초 정도의 멈춤을 갖고 대응하는 것도 마음에 여유를 줄 수 있다. 당신이 더 행복해지고 더 훌륭한 리더로 성장하는 데는 단 1초면 충분하다.

이제 당신이 명상을 해야 할 때

다섯, 스트레스를 친구로 만들어라. 스트레스와 고통은 삶에서 피할 수 없는 부분이다. 스트레스로 인해 우리는 초조해지고, 긴장하고, 힘들어하고, 심지어 건강을 잃거나 폐인이 되어버리기도 한다. 스트레스에 대응하는 최고의 방법은 스트레스에 대항해 싸우는 것이 아니라, 그것에 대해 비(非)판단적 알아차림으로 대응하는 것이다. MBSR 프로그램은 스트레스와 통증, 질병에 직면해 기존의 건강·의료 돌봄 시스템에서 충분히 만족하지 못한 사람들에게 스스로 자신을 돌볼 수 있는 내적 능력을 개발시켜줬다. 이처럼 마음챙김은 스트레스조차 친구로 만들 수 있도록 우리의 사고를 전환시켜준다. 직장에서 스트레스를 받을 때, 스트레스를 일으킨 원인에 반응하거나 저항하는 대신 몸의 자연스러운 반응을 관조하는 마음챙김 훈련만으로도 내적 평온을 되찾을 수 있다. 스트레스는 고통스럽다. 그러나 스트레스를 알아차리는 마음은 고통스럽지 않다.

여섯, 먼저 자신에게 친절하라. 현대인들은 남에게는 기꺼이 친절을 베풀면서 정작 자기 자신에게는 엄격하거나 냉정한 경우가 많다. 일이 잘 풀리지 않을 때, 우리는 보통 자기 비판적인 경우가 많다. 스스로를 비난하고 자책하는 습관에 너무 익숙해져 있다. 익숙함을 넘어 아예 자동화되어 있다고 해도 지나치지 않을 정도다. 그러나 자신에게 관대하지 못한 사람은 남에게도 관대하지 못하다. 자신을 사랑하지 못하는 사람은 결코 타인을 온전하게 사랑할 수 없다. 자기를 따스하고 친절하게 대하는 것이 세상에서 가장 아름다운 행위임을 자각하라. 가령 손가락이 베이면 상처 부위를 소독한 후 약을 바르고, 밴드나 붕대로 감아 보호하면서 치료하고자 할 것이다. 이러한 본능을 손가락질할 사람은 아무도 없다. 몸을 치료하듯이 마음도 그렇게 해야 한다. 내 마음에 상처가 있다면 누구보다 스스로 앞장서서 정성껏 치유해줘야 한다. 자신에 대한 친절은 절대 이기심이 아니다. 나 자신을 진심으로 사랑할 때 타인을 사랑하는 힘도 배가 된다. 먼저 나에게 친절하자! 친절은 우리가 베풀 수 있는 최선의 마음 중 하나이다. 친절은 우리의 몸과 마음을 최상의 상태로 유지시켜준다. 마음챙김은 자신에게 베푸는 최고의 친절이다.

일곱, 성장 마인드셋을 가져라. 스탠퍼드대학교 심리학과의 캐럴 드웩(Carol Dweck) 교수는 오랜 연구 끝에 단순하지만 놀라운 사실을 발견했다. 바로 '마인드셋(마음가짐)이 모든 것을 결정짓는다'라는 것이다. 고정 마인드셋을 가진 사람, 즉 '능력은 변하지 않는다'라고 믿는 사람은 성장 마인드셋을 가진 사람에 비해 성공할 가능성이 확연히 낮다는 것이 입증됐다. 성장 마인드셋을 가진 사람은 자신의 재능과 능력이 '발전될 수 있다'라고 믿는다. 지속적인 노력과 현명한 전략, 그리고 주변 사람들의 지원과 격려를 통해 능력 수준을 높일 수 있다고 믿는다. 자신의 능력을 발휘하는 것은 아주 간단하다. 자기가 능력을 발휘할 수 있다고 믿으면 된다. 마음챙김의 관점이 바로 성장 마인드셋의 관점이다.

마음챙김의 삶이란 무의식적으로, 그리고 자신에 대해 협소하고 제한된 방식으로 생각하는 행위 방식(way of doing)의 습관에서 벗어나 내면에 존재하는 무한한 본성의 힘을 믿고 현재 순간에 최선을 다하는 존재 방식(way of being)이다. 마음챙김을 대중화한 존 카밧진 박사는 이러한 변화를 '의식의 수직적 전환'이라고 표현했다. 눈앞에 보이는 현실은 아무것도 바뀌지 않음에도 모든 것이 달라진다. 왜 그럴까? 그것은 세상을 바라보고 존재하는 방식, 즉 마음의 방식이 바뀌기 때문이다. 마음챙김 훈련은 철학적이거나 지적인 학습이 아니다. 그것은 '경험적 자기 탐구'다. 실천을 통해서만 경험할 수 있으며, 지속할수록 몸과 마음이 조화와 균형을 이룬다. 아울러 조화와 균형은 항상 평정심과 함께한다. 그 평정심 속에서 흘러넘치는 지혜와 사랑을 세상 모든 사람과 나누어 쓸 수 있다. 삶이 더욱 풍요롭고 행복해지는 선순환이 가능해진다. 하면 된다!

주의력 도둑을 잡는
네 가지 방법

인간은 의미를 추구하는 유일한 동물이다. 그냥 밥만 먹고 살아도 되는데, 그 밥에 양념을 하고 심지어 자기 밥을 남에게 덜어주는 데서 행복감을 느낀다. 의미 있는 삶을 살기 위해서는 자기에게 끊임없이 질문을 던져야 한다. '나는 누구인가? 어디에서 와서 어디로 가는가? 무엇을 위해 살고 있는가? 내가 간절히 원하는 것은 무엇인가? 지금 내가 원하는 일을 하며 살고 있는가?' 평소 스스로에게 이러한 질문을 하지 않는다면, 우리 일상은 습관적이고 무의미하게 흘러갈 수밖에 없다. 아무도 보지 않는데 마냥 켜져 있는 텔레비전처럼 무의식에 지배되는 자동 모드의 삶일 뿐이다.

서울대학교 심리학과 최인철 교수는 그의 저서 《굿 라이프》에서 인간이 어떤 의미를 추구하는지 알기 위해서는 내면, 즉 의식을 들여다봐야 한다고 말했다. 인간의 의식 경계는 무엇을 먹을지, 무엇을 입을지, 무슨 영화를 볼지 등 지극히 사소하고 감각적인 것에서부터 삶의 목적이 무엇인지, 행복한 인생은 무엇인지 등 추상적이고 보편적인 내용에 이르기까지 그 스펙트럼이 매우 다채롭다. 대부분의 학자들은 인간 의식을 지배하는 가장 강력한 주제를 일(Work), 사랑(Intimacy), 영성(Spirituality), 초월(Transcendence) 네 가지로 분류한다. 각각의 앞 글자를 따서 WIST라고 부른다. 이중 '일'은 의식을 지배하는 첫 번째 주제이자 가장 강력한 주제다. 그렇다면 우리 삶과 의식 전반을 지배하고 영향을 미치는 일에서 의미를 추구하려면 어떻게 해야 할까? 핵심이자 결론은 습관적인 삶으로부터의 탈피이다.

사서삼경(四書三經) 중 하나인《대학(大學)》에 나오는 중국의 탕왕(湯王) 이야기를 예로 들어보자. 희대의 폭군 걸왕이 지배하던 하나라를 무너뜨리고 은나라를 건국한 탕왕은 세숫대야에 '구일신 일일신 우일신(苟日新 日日新 又日新)'이라는 아홉 글자를 새기고 세수할 때마다 들여다봤다고 한다. 매번 스스로를 반성하면서 새롭게 변화하려는 다짐이다. 하루가 새로워지려면(苟日新) 나날이 새롭게 하고(日日新) 또 새롭게 해야 한다(又日新)는 뜻이다. 탕왕은 30여 년의 긴 재위 기간 동안 단 한 번도 흐트러지거나 타락하지 않고, 늘 어질고 반듯했던 임금으로 역사에 남았다. 그 까닭은 습관적인 삶이 아니라 매 순간 깨어 있는 삶을 살았기 때문이다.

자신이 하고 있는 일의 의미와 목적을 발견하기 위해서는 일상에서 매 순간을 새롭게 보는 힘이 필요하다. 다시 말해 현재 어떤 일을 하고 있든 간에 습관적이고 타성적인 업무 패턴에서 벗어나려면 매일 자신이 하고 있는 일의 목적과 의미를 새롭게 일깨워야 한다. 훌륭한 인생은 하늘에서 갑자기 떨어지지 않으며 작은 변화들이 쌓여 비로소 나타나는 법이다. 조금 더 잘해보려는 진지한 의도와 노력이 있을 때, 자신은 물론 조직도 건강해질 수 있다.

'늘 깨어 있는 삶'이라는 좋은 습관은 거창한 곳에 있지 않다. 매일 자신의 행동 양식을 살펴보면 금방 확인할 수 있다. 일상적으로 숱하게 접하는 네 가지 상황에서 당신이 어떻게 반응하고 행동하는지 확인해볼 것을 권한다. 직접 한번 테스트해보라.

● 간헐적 디지털 디톡스

기술의 발전 덕분에 세상은 풍요로워지고 삶은 날로 윤택해진다. 특히 스마트폰은 매우 편리하고 유용한 디지털 기기다. 직장 내 모든 업무는 이미 스마트폰과 긴밀히 연결되어 있다. 그만큼 갈수록 스마트폰에 대한 의존도가 높아지고 있다. 많은 사람이 스마트폰이 손에 없으면 극도의 불안감을 느낀다. 심지어 스마트폰이 고장 나거나 배터리가 떨어지면 분리 불안 장애를 보이는 경우도 있다. 스마트폰의 주인이 아니라 오히려 스마트폰에 속박당하고 있는 것이다. 이것은 스마트폰에 의한 마음놓침 상태이다. 실제로 스마트폰은 아주 강력한 '주의력 도둑'이다. 우리가 받는 스트레스의 대부분은 스마트폰 유무에 따라 결정된다고 해도 과언이 아니다. 스마트폰이 나의 행복을 절대적으로 좌우하는 것이다.

이런 주의력 도둑을 잡는 방법은 의외로 아주 간단하다. 의도적으로 마음챙김으로 주의를 돌리기만 하면 된다. 이를 위해 하루 일정을 시작할 때 30분에서 한시간 정도 스마트폰을 보지 않고 업무에 몰입하는 '디지털 디톡스' 습관을 길러보자. 스마트폰이 눈에 보이는 곳에 있으면 소리나 불빛 때문에 지속적으로 방해받게 마련이고, 나도 모르게 스마트폰을 들여다보고 싶어진다. 이렇게 지속적으로 주의력이 분산되면 결국 어떤 일에도 온전하게 집중하지 못하는 상태가 되어버린다.

일단 스마트폰을 무음으로 설정한다. 그리고 시야에서 보이지 않는 곳에 두는 것이 무엇보다 중요하다. 처음에는 불편하거나 불안할 수 있다. 자꾸 스마트폰이 생각나고 확인하고 싶은 충동이 생길 수도 있다. 그럴 때는 그저 가만히 그런 나를 바라본다. '스마트폰을 확인하고 싶은 욕구와 생각이 일어나고 있구나'라고 알아차리면서 침묵 속에서 잠시 자신의 반응을 조용히 지켜보라. 지그시 마음을 관찰하다 보면 생각과 감정이 변하는 것을 느낄 수 있다. 이러한 간헐적 디지털 디톡스 시간은 언제 가져도 무방하다. 아침 업무 시작 전반이 아니라 업무 집중이 필요한 순간이라면 언제라도 좋다.

● **경청하기**

우리는 타인의 말을 다 듣기도 전에 비판하고 분석하고 저항하는 버릇을 갖고 있다. 이럴 때 '아! 내가 이 사람의 말을 다 듣기도 전에 비판하고 분석하고 저항하고 있구나'라고 알아차릴 수 있다면 대화가 질적으로 달라진다. 이를 위해서는 상대방이 이야기할 때 일단 무조건 침묵을 유지한다. 침묵은 외적인 목소리뿐만 아니라 내면의 목소리까지 끄는 것을 의미한다. 그리고 상대방의 말을 공감의 태도로 받아들인다.

이것은 상대의 주장을 전부 수용하라는 말이 아니다. 다만 현재에 온전히 깨어서 상대방의 말에 주의를 집중하고 그 사람을 존중하라는 뜻이다. 경청(傾聽)을 넘어 경청(敬聽)하는 습관을 들이는 것이다. 다른 사람의 이야기를 충분히 듣기 전에 자신의 생각을 조급하게 주장하지 않는다. 경청할 때는 내용만이 아니라 목소리의 파동과 진동도 가슴으로 느껴야 한다. 말하는 사람의 음색과 목소리 크기, 사용하는 단어, 표정과 몸짓과 눈동자를 빠짐없이 세세히 마음에 흡수한다. 말하는 내용만이 아니라 그가 표현하는 분위기와 의도 등도 주의 깊게 경청한다. 무엇보다 상대방이 말하는 동안 자신이 할 말을 머릿속에 미리 준비하거나 연습하지 않는다.

대화 도중에 내 생각과 다르거나, 나를 불편하게 하거나, 불합리하다는 생각이 들거나, 화가 나는 상황이 발생할 수도 있다. 이때가 바로 마음놓침의 순간이다. 그럴 때는 말로 즉각적인 반응을 보이기 전에 먼저 마음으로 신체 감각에서 일어나는 현상을 바라본다. 열이 나거나 긴장감, 답답함, 떨림 등의 여러 느낌이 있을 것이다. 그중 가장 강하게 느껴지는 곳에 주의를 두고 찬찬히 바라본다. 그리고 그 부위로 호흡을 해본다. 숨을 들이쉴 때 그 부위로 숨이 들어간다고 상상하고, 숨을 내쉴 때는 그 부위에서 숨이 빠져나간다고 상상하면서 숨을 쉰다. 이렇게 마음챙김으로 나의 온 마음을 기울여 상대방의 말을 들으면 그에게 나의 진심이 전해지게 마련이다. 내가 상대방에게 줄 수 있는 가장 귀중한 선물이다. 자연스럽게 대화의 결과도 달라진다. 결정적으로 그에게서 내가 원하는 답을 들을 수 있게 된다.

◉ 화 알아차리기

우리는 일하면서 다양한 이유로 분노를 경험한다. 이때 화가 난 정도를 1부터 10까지 수치화해본다. '소노(小怒)'인지 '중노(中怒)'인지 '대노(大怒)'인지 '극대노(極大怒)'인지, 분노의 크기가 어느 정도인지 확인하고 그 숫자를 기억하면서 천천히 눈을 감는다. 눈동자가 눈꺼풀로 덮이면 눈앞에 펼쳐지는 어두운 공간을 주시한다. 다시 눈동자에 힘을 풀고 잠시 쉬어본다. 이어서 코로 숨을 깊게 들이마시고 입으로 숨을 길게 내쉬는 심호흡을 세 번 한다. 그런 다음 몸의 느낌을 살펴보고, 지금 가장 두드러지게 느껴지는 신체 감각이 무엇인지 살펴본다. 열감인지 긴장감인지 떨림인지 답답함인지, 그 느낌의 실체를 파악한 뒤에 그것이 어디에서 느껴지는지 가만히 살펴본다. 어떤 느낌이 강하게 느껴지는 곳이 있으면 그곳에 잠시 손을 올려놓아도 좋다. 그 느낌들이 어떻게 변해가는지도 바라본다. 그다음에 다시 심호흡을 세 번 한다. 화는 내가 아니다. 화는 내가 경험하는 것일 뿐이다. 화가 날 때는 나를 객관적으로 바라보는 것이 중요하다. 화를 낸 본인에게 이렇게 질문해보라.

무엇 때문에 화가 일어났는가?
화가 난 근본적인 이유는 무엇인가?
화를 내면 누가 가장 힘들어하는가?

그 후에 화가 난 정도를 1부터 10까지 다시 수치화해보고, 처음과 비교해 어느 정도 변화가 있는지 살펴본다. 마지막으로 이렇게 애쓰고 있는 자신을 위로해준다. 가슴에 손을 얹고 몸이 호흡하는 것을 느껴본다. 손의 압력과 온기도 느껴보고, 가볍게 미소 지으면서 마음속으로 말해본다.

몸과 마음이 안정되기를~
몸과 마음이 편안하기를~
몸과 마음이 고요하기를~
몸과 마음이 평화롭기를~

● 디폴트 모드 네트워크 끄기

일본의 뇌과학자이자 정신과 의사인 구가야 아키라(Akira Kugaya)는 저서 《최고의 휴식》에서 몸을 쉬게 해주는 것도 중요하지만 그것만 으로는 풀리지 않는 피로가 있다고 말한다. 바로 '뇌의 피로'다. 그에 따르면 현대인의 피로는 '디폴트 모드 네트워크(default mode network)' 라는 뇌 회로의 과도한 활성화 때문이다. 이 부위는 뇌가 의식적인 활 동을 하지 않을 때도 쉬지 않고 작동한다. 마치 공회전을 하는 자동차 처럼 아무것도 하지 않는 상황에서도 우리 뇌는 휴식을 취하지 못하 고 끊임없이 공회전하면서 에너지를 낭비하는 것이다. 디폴트 모드 네트워크는 뇌가 소비하는 전체 에너지 중에서 약 60~80%를 사용한 다고 한다. 뭔가 고되거나 특별한 일을 한 것도 아닌데 이상하게 피곤 하고 지친다면, 이 부위가 지나치게 활성화되어 있을 가능성이 크다.

마음챙김 명상은 디폴트 모드 네트워크의 주요 활동을 감소시 킨다는 사실이 과학적으로 검증된 올바른 뇌 휴식법이다. 방법은 간 단하다. 자연스럽게 호흡하면서 내쉬는 숨의 숫자를 세어본다. 이런 저런 잡념이나 주변의 소음들이 숫자 붙이기를 방해할 수도 있다. 자 연스러운 현상이다. 다만 이때 딴생각을 했다는 것을 알아차리고, 다 시 호흡으로 돌아가 하나부터 열까지 숫자를 센다. 하루에 한 번 10 분 마음챙김 명상으로 최고의 휴식과 에너지를 충전해보라.

하루를 즐겁게 만드는
15초 명상법

2016년 11월 미산 스님과 함께 차드 명 탄의 샌프란시스코 집을 방문한 적이 있다. 당시 그는 명상을 보편적으로 확산시키기 위해서는 세 가지가 중요하다고 강조했다. 첫째, 누구나 듣고 이해가 쉬워야 한다(understandable). 둘째, 일상에서 쉽게 적용할 수 있어야 한다(practicable). 셋째, 명상을 위한 장소나 프로그램에 쉽게 접근할 수 있어야 한다(accessible). 명료하고 통찰력 있는 말이라 마음에 새겨두고 명상 관련 업무를 하는 데 반영하고 있다.

실제로 많은 사람이 명상은 어렵고 심오하고 종교적이라 여긴다. 그래서 해보기를 주저하고, 자기와는 무관하다고 생각하고, 심지어 시간 낭비라고 치부하기도 한다. 그러나 서양에서 명상이 확산되는 가장 큰 이유는 쉽고, 비종교적이며, 삶에 실질적으로 도움이 되기 때문이다.

차드 명 탄의 말처럼 누구나 쉽게 일상에서 실천할 수 있는 15초 명상법을 소개한다. 15초 만으로도 하루를 기쁘게 보낼 수 있다.

일하다가 잠깐 쉬고 싶을 때 고개를 들어 주변을 살펴본다. 눈에 띄는 사람이 있으면 그 사람에게 어떤 말이나 행동을 할 필요 없이 그냥 마음속으로 "당신이 건강하고 행복하기를…" 하며 기원한다. 슬며시 마음속으로 미소 지으면서 하면 더 좋다. 사람에 따라 속도 차이는 있겠지만 세 번 하는 데 약 15초 정도의 시간이 소요된다. 눈에 보이는 대상이 평소 내가 싫어하거나 불편한 사람일 경우에는 억지로 할 필요가 없다. 좋아하거나 중립적인 사람을 대상으로 먼저 해보고, 뒤에 자신감이 생기면 싫어하거나 불편한 사람에게도 한번 시도해보라. 미소 지으며 15초 동안 상대방의 행복을 기원할 때 나에게 어떠한 일이 생기는지 알아차리는 것이 중요하다. 기원 문구는 어떤 것이라도 관계없다. 다른 사람이 건강하고 행복하기를 바라는 것만으로도 내가 행복해질 수 있다. 몸과 마음이 깨어나면서 기쁨과 희열의 에너지가 가득해진다. 명상은 이론이 아닌 실습으로만 경험할 수 있다. 책을 읽는 독자들도 지금 잠깐 시간을 내어 실습해보기 바란다. 보이는 사람이 없으면 상상으로 한 사람을 선택해도 좋다. 이것이 지금 바로 행복해지는 기술이다.

인도의 영적 스승 샨티데바(Shantideva)는 "이 세상의 모든 기쁨은 다른 존재의 행복을 바라는 데서 오고, 이 세상의 모든 고통은 자신만이 행복하기를 바라는 데서 온다"라고 말했다. 누군가를 향해 사랑과 친절의 마음을 낼 때, 우리 가슴은 따뜻해지고 기쁨과 사랑의 에너지가 충만해진다. 아주 쉬운, 정말 쉬운 마음챙김을 통해 일과 생활에서 모두 행복한 최고가 될 수 있기를 바란다.

누구에게나 인생은
시련의 연속이다

빅터 프랭클(Victor Frankle)은 20세기를 대표하는 정신분석학자이다. 그가 대학자로 칭송받는 이유는 인간으로서 겪을 수 있는 최악의 고통을 견디며 이를 심오한 사상으로 승화시켰기 때문이다. 유대인이었던 그는 나치 강제 수용소에서의 경험을 토대로 정신 치료 기법인 로고테라피(Logotherapy)를 창안했다.

제2차 세계 대전이 발발하고 강제 수용소로 끌려간 그는 그곳에서 부모와 형제, 아내를 모두 잃었다. 그 자신도 추위와 굶주림, 일상적인 폭행에 시달렸다. 언제 어떻게든 목숨을 잃을 수 있다는 극심한 공포가 그를 짓눌렀다. 하지만 놀랍게도 최악의 상황에서도 그는 희망을 잃지 않았고, 항상 삶의 의지를 되새기며 마침내 살아남았다. 경이로운 점은 그가 지옥의 고통을 당하면서도 인간에 대한 사랑을 끝까지 잃지 않았다는 것이다. 죽음의 수용소에서 인간의 추악함과 졸렬함을 끊임없이 목격하면서도 인간에 대한 따스한 마음과 긍정적인 관점을 굳건히 지켰다. 언제 풀려날지 알 수 없는 비극적인 상황에서 어떻게 그는 희망을 갖고 평정심을 유지할 수 있었을까?

로고테라피는 '의미'를 뜻하는 그리스어 '로고스(logos)'와 '치료'를 뜻하는 '테라피(therapy)'가 합쳐진 말이다. 로고테라피의 기본 전제

이제 당신이 명상을 해야 할 때

는, 삶의 의미를 찾으려고 기울이는 노력이야말로 인간이 살아가는 동력이라는 것이다. 다시 말해 '의미를 찾고자 하는 의지'를 일깨우는 것, 인간이 스스로 삶의 의미를 대면하고 알아내도록 도와주는 기법이 로고테라피라고 할 수 있다. 빅터 프랭클의 정신 이론은 단 한마디로 정리할 수 있다. '고통이 곧 의미다.'

"자극(stimulus)과 응답(response) 사이에는 공간이 있다. 그 공간에 응답을 선택하는 힘이 있다. 그리고 그 응답에 따라 성장과 자유가 결정된다." 빅터 프랭클의 말이다. 누구에게나 인생은 시련의 연속이다. 그 숱한 역경은 결국 나에게 주어진 몫이고, 오직 나만이 해결할 수 있는 문제이다. 괴로움의 순간마다 어떻게 응답하느냐는 나의 선택과 판단과 의지에 달려 있다. 마음챙김 명상이 그 버팀의 공간을 조금 더 쉽게 찾을 수 있도록 도와줄 것이다.

명상은 마치 운동과 같다. 마음에 근육을 만들어준다. 매일 꾸준히 하면 행복한 삶을 위한 건강하고 우람한 마음을 가질 수 있다. 일과 삶 모두에 강력한 성취감과 만족감을 선사한다. 명상은 얼핏 정적이고 수동적으로 보이지만 실제로는 역동적이고 자기 주도적인 삶의 방식이다. 주체적이고 능동적으로 살아갈 수 있는 에너지를 지속적으로 충전하는 작업이기 때문이다. 업무 성과와 심리적인 행복을 동시에 달성함으로써 완벽한 '워라밸(Work and Life Balance)'을 성취할 수 있는 최고의 비결이다.

6
장

탁월함은
친절에서 나온다

리더들을 위한 구명조끼,
셀프 컴패션

착하고 성실한 사람일수록 타인에게는 친절하고 너그러운 반면 자기 자신에게 엄격하고 가혹하다. 조직의 리더들도 마찬가지다. 자신은 돌보지 않은 채 조직과 조직 구성원들을 먼저 챙기려는 경향이 강하다. 하지만 이러한 삶의 방식은 그리 바람직하지 않고 오래 가지도 못한다. 언젠가 힘들고 지쳐서 상처만 입고 쓰러지기 십상이다. '셀프 컴패션(self-compassion)'은 새롭고 좀 더 건강한 방식으로 삶의 고통에 대처하는 방법을 가르쳐준다. 사랑하는 누군가를 돌보는 것과 마찬가지로 자기 자신을 돌보는 것, 이것이 바로 셀프 컴패션이며 행복의 근본이다.

프레드 코프맨(Fred Koffman)은 그의 저서 《비즈니스 의식혁명, 깨어 있는 리더들의 7가지 원칙》에서 "기업에 죽음의 수용소는 없지만 성공한 기업들은 대부분 큰 고통을 숨기고 있는 지하실이 있다"라고 했다. 정도의 차이는 있겠으나 아예 부정하기는 쉽지 않은 말이다. 특히 리더로서 역할이 커질수록 성과 창출은 물론 조직 관리에 대한 압박감과 스트레스가 더욱 가중되게 마련이다. 리더의 성과는 부하 직원들의 성과를 통해 드러나는 법이다. 따라서 구성원들이 더 큰 성과를 만들어낼 수 있는 환경을 조성해주는 것이 리더의 첫 번째 임무

이자 덕목이다. 또한 구성원 개개인이 자발적으로 업무에 몰입할 수 있도록 동기 부여도 해주어야 한다. 이 외에도 효과적인 커뮤니케이션, 전략적 사고 등 경영 현장은 리더들에게 다양한 역량을 요구한다.

컨설턴트이자 코치로서 CEO나 임원 육성을 위한 역량 평가 및 관련 교육 프로그램을 진행하다 보면 공통적으로 목격되는 한 가지 현상이 있다. 대다수의 참가자가 자신의 내적 역량을 객관적으로 인식하지 못하고, 평가 점수가 낮게 나오면 점수를 부정하거나 자신을 비난하는 경향이 많다는 점이다. 리더십 역량은 보통 5점 척도로 평가를 하는데 3.0 이하의 점수를 받게 될 경우 더욱 그렇다. 임원 또는 CEO 후보자들은 보통 회사의 핵심 인재들이기 때문에 자신이 평균 이하라는 것을 수용하지 못한다. 그런데 이 순간에 어떻게 반응하느냐가 리더의 성공과 실패를 좌우하는 경우가 많다. 결과를 부정하는 사람, 자신을 지나치게 비난하거나 비하하는 사람은 상위 리더로 성장하기 위해 필요한 역량을 효과적으로 계발하지 못한다. 하지만 수용적 태도로 결과를 받아들이면서 그 원인 무엇인지 알고자 하는 사람은 효과적으로 리더십 역량을 계발한다. 이유는 간단하다. 먹구름이 가득한 하늘에는 태양이 보이지 않는 것처럼 내면의 역량이 구름에 가려져 있으면 발휘가 안 된다. 자신의 온전성에 대한 믿음을 가지면 역량 계발은 쉽다. 때가 되면 구름은 지나간다. '자기 비난', '자기 부정'은 구름을 더 두껍게 할 뿐이다. 스스로를 믿고 친절하게 대할 수 있어야 한다. 물에 빠진 사람을 구하기 위해서는 자신이 먼저 구명 조끼를 입어야 하는 것과 같은 이치다.

　조직에서 구성원들을 잘 이끌기 위해서는 리더 자신이 스스로를 먼저 잘 돌봐야 한다. 물론 발전적인 자기 비난도 존재하기는 한다. 장기적으로는 자기 발전으로 이어져 성장하는 데 긍정적인 영향을 미치는 경우도 있다. 하지만 자기 비난은 자신의 잠재력을 제한하고 스스로를 위축시키는 걸림돌로 작용하는 게 대부분이다. 리더들에게 궁극적으로 필요한 가치는 자기 비난이 아니라 자기 친절이다. 비단 리더만이 아니라 어떤 직위와 직급의 사람에게도 마찬가지다. 자기 친절이 없으면 내적 자원이 빨리 소진되어 자신이 가지고 있는 역량을 온전히 발현할 수 없게 되는 악순환을 반복한다. 이때 발휘되어야 할 핵심 덕목이 바로 셀프 컴패션이다.

　새로운 역량을 계발하는 것도 중요하지만, 이미 가지고 있는 역량을 발현하지 못하는 것이 더 큰 문제다. 있는 그대로 완전하고 소중한 자기 자신을 믿고 자신에게 친절할 때 숨겨져 있던 능력이 자연스럽게 드러나는 법이다. 따스하고 친절한 마음씨는 우선 자기 자신을 위해 쓰여야 한다. 나에게 사랑과 친절을 베풀 수 없으면, 다른 사람에게 진정성 있는 사랑과 친절을 베풀 수 없다. 항상 조그만 부분이라도 자신을 칭찬해주고, 과거의 잘못도 흔쾌히 용서해주고, 자신의 단점보다는 장점에 관심을 기울이는 습관을 들여야 한다.

먼저 종이 한 장을 꺼내놓는다. 그리고 다음 질문에 대해 잠시 생각해본다.

"당신의 친한 친구가 어떤 불행이나 실패, 부적절한 상황 등으로 괴로워했던 순간을 떠올려 보라. 당신은 그런 상황에 처한 친구를 보통 어떻게 대하는가? 어떤 말을 해주는가? 말할 때 어떤 어조를 사용하는가? 말할 때 자세는 어떠한지도 생각해보라."

그동안 친구에게 어떻게 해왔는지 종이에 있는 그대로 적어보기 바란다. 이제 상황을 바꾸어보자.

"어떤 방식으로든 당신을 힘들게 하고 고통스럽게 했던 순간들, 불행·실패·괴로움 또는 수치스러웠던 상황들을 떠올려 보라. 그런 상황에서 당신은 자신에게 어떻게 반응하는가? 자신에게 어떤 말을 해주는가? 어떤 말투를 사용하는가? 자세는 어떠한가?"

스스로에 대해 어떻게 생각하고 행동해 왔는지 가감 없이 적어본다. 그리고 타인에 대한 대응과 자신에 대한 대응에 어떤 차이가 있는지 찾아보기 바란다.

이 질문은 MSC 프로그램 1회차에 나오는 핵심 실습이다(MSC

지도자 매뉴얼 한국어 버전에서는 'self-compassion'을 '자기 연민'으로 번역하여 활용하고 있다). MSC 프로그램 개발자인 크리스틴 네프(Kristin Neff)가 그의 동료와 진행한 한 조사에 의하면, 프로그램에 참여한 사람 중 78%가 자신보다 타인에게 더 친절한 것으로 나타났다. 반면 자기에게 더 친절했던 사람은 겨우 6%에 불과했다. 나머지 16%는 남에게나 자신에게나 비슷비슷하게 대하는 것으로 조사됐다. 이처럼 대부분의 사람은 타인보다 자신에게 가혹하고 비판적이다.

셀프 컴패션은 일이 잘못되고 있을 때, 친구를 대하듯 자신에게도 똑같이 친절로 대하는 것을 의미한다. 친구나 가족을 대하듯 자기 자신을 대하는 것이다. 무엇보다 셀프 컴패션은 '지금 내게 필요한 것이 무엇인가?'라는 질문에서 출발한다. 지치고 힘들 때 고통으로부터 자유롭고 편안해지기를 바라는 소망은 인간의 본능이다. 자신에 대한 친절의 햇빛이 고통의 눈물과 만나면 연민의 무지개가 피어난다. 연민의 무지개가 피어날 때 자신에게 내재되어 있던 지혜와 능력이 무지갯빛으로 뿜어져 나온다. 셀프 컴패션은 온전하고 조화로운 인간으로 성장할 수 있는 굳건한 토양이다. 우리에게 필요한 것은 또 다른 능력이 아니라 숨겨져 있는 능력이고, 본인 스스로가 억누르고 있는 능력이다.

셀프 컴패션의
세 가지 구성 요소

크리스틴 네프에 의하면 셀프 컴패션에는 세 가지 주요 구성 요소가 있다.

첫째, 자기 판단이나 자기 비판이 아니라 자기 친절이다. 상대방을 친절하게 대하는 만큼 나를 친절하게 대하는 일이 행복의 시작이다. 셀프 컴패션과 함께할 때 우리가 애정을 갖는 친구를 대하듯 친절, 돌봄, 이해, 지지로 자신을 대할 수 있다. 스스로를 안타깝게 여기고 자기 자신과의 공감을 시도하는 셀프 컴패션은 고통을 완화하는 데도 큰 도움을 준다. 그리고 고통의 완화를 위해 스스로 뭔가를 하게끔 만든다. 고통스러울 때 적극적으로 자신을 진정시키고 위로하는 것과 힘겨울 때 나에게 필요한 행동을 취하는 것을 의미한다. 나를 사랑하는 마음이 갖춰져야만 친절하고 진실하게 다가설 수 있는 법이다. 리더들은 힘들 때, 자신에게 친절하고 스스로를 돌볼 수 있는 힘을 길러야 한다. 그래야만 조직의 지속적인 발전을 도모할 수 있다. 자학적 리더십은 스스로를 지치게 하고 구성원들도 질리게 한다.

둘째, 스스로에게 모진 사람은 대개 완벽주의 성향을 갖고 있다. 모든 사람이 완벽하게 정상적이고 행복한 삶을 살고 있는데 나만 그러지 못하다고 여기는 경우가 많다. 나아가 행복하고 평온하게 보이는 남들로부터 스스로를 고립시키고, 세상에서 고통받는 사람은 나 하나뿐이라며 자기를 원망하고 정서적으로 학대한다. 셀프 컴패션의 출발은 자신의 불완전함을 있는 그대로 받아들이는 것이다. 셀프 컴패션과 함께할 때, 나만 힘들고 고통스러운 것이 아니라 모두가 그렇다는 인간 실존의 보편성을 깨달을 수 있다. 인간의 삶에서 불행과 불운은 필연적이다. 특별히 내가 못나서 불행을 겪는 것도 아니고 크게 잘못해서 불운을 당하는 것도 아니다. 자존심이 강한 사람들은 좋지 않은 일을 당하면 자존심의 크기만큼 수치심을 느낀다. 부끄럽고 창피해서 사람들을 피하는 외톨이 신세를 자청하며 상황을 더욱 꼬이게 만든다. 문제의 해결은 고통과 함께할 수밖에 없는 현실을 긍정하면서 좀 더 넓은 시야로 삶을 바라보는 데 있다. 모든 일은 나의 잘못이나 실수만이 아니라 무수히 많은 원인과 결과의 조합으로 일어난다는 사실을 깨달아야 한다. 모든 존재는 서로 연결되어 있고 연관되어 있다. 내가 경험하는 것을 다른 사람도 경험한다. 내가 아플 때 다른 사람도 어떤 식으로든 아프다. 이러한 인간 경험의 보편성을 자각할 때 혼자라거나 고립됐다는 부정적 감정에서 벗어날 수 있다. 다들 비슷비슷하게 괴롭고 걱정하며 산다는 것에 대한 통찰. 간단히 말하면 나만 그렇지 않다는 것. 이것이 회복탄력성을 높이는 지름길이다.

셋째, 셀프 컴패션은 마음챙김과 함께한다. 고통을 치유하기 위해서는 먼저 고통받고 있다는 사실을 직시해야 한다. 마음챙김은 우리로 하여금 고통스러운 느낌에 주의를 향하게 하고 있는 그대로 그것과 함께하도록 한다. 마음챙김이란 균형을 유지하는 자각의 상태이다. 지금 이 순간의 감정을 억압하거나 회피하지 않으면서 지나치게 집착하거나 자신과 동일시하지 않는 중도(中道)의 방식을 일컫는다. 셀프 컴패션은 내가 가진 고통을 진정으로 사랑하는 것이다. 자녀든 연인이든 우리는 사랑하는 사람에게 지극한 관심을 갖는다. 그가 무엇을 원하는지, 무엇을 싫어하는지 주의 깊게 살펴보고 그에게 맞추어간다. 나를 사랑하는 방법도 마찬가지다. 셀프 컴패션의 또 다른 표현은 이른바 '사랑에 연결된 현존'이라고 말할 수 있다. 나 자신과 나의 삶, 타인의 삶이 서로 연결돼 있다는 사실을 알고 포용할 때 우리의 인식 체계는 급진적으로 전환된다. 마음챙김을 통한 자각은 우리가 언제 고통 속에 있는지, 언제 스스로를 비난하는지, 언제 고립을 자초하는지 인식하도록 도움으로써 우리가 진정으로 가야 할 길이 어디인지를 제시해준다.

셀프 컴패션의 관점에서 바라본 마음챙김이란 '기분이 좋지 않을 때 호기심을 갖고 열린 자세로 내 감정에 다가가고자 노력한다'이다. 마음챙김과 함께하는 셀프 컴패션은 현재 상황을 있는 그대로 받아들이고 편견 없는 마음으로 자신에게 주어진 문제를 해결할 힘을 준다. 이것이 바로 우리에게 필요한 도덕성과 돌파력의 근원이다.

탁월한 리더들의
여섯 가지 특징

셀프 컴패션을 잘하는 사람은 여러 방식으로 조직 및 인재 관리에서 탁월함을 발휘한다. 직원의 업무 능력, 업무 참여도, 조직 몰입도를 향상시키는 것은 물론이고 조직 전반에 선한 영향력을 행사해 바람직한 조직 문화를 조성한다. 회사의 윤리와 도덕적 기준을 높이는 데도 기여한다.

리더가 깨어 있을 때 조직이 깨어 있다. 리더가 스스로에게 친절하고 따뜻해져야 구성원들에게 친절하고 따뜻해질 수 있다. 셀프 컴패션은 온전한 리더로 성장하는 강력한 지지대이자 태양과도 같은 에너지다. 모든 답은 자신의 내면에 존재한다. 따뜻한 시선을 내 안으로 돌려야 한다.

셀프 컴패션이 강한 리더들의 특징은 첫째, 자신의 한계를 배우고 받아들이는 데 개방적이다. 그럼으로써 타인의 피드백을 잘 수용하고 변화와 성장을 위해 자발적으로 실천하는 모습을 보인다. 둘째, 이웃집 아저씨처럼 친근하다. 구성원들이 쉽게 따르고 어려운 이야기도 편하게 한다. 그들이 조직 내 갈등이나 어려움을 조기에 파악하고 해결할 수 있는 것은 이런 이유 때문이다. 셋째, 매우 윤리적이다. 세상의 가치관을 존중하며 도덕적 옳고 그름을 업무 수행의 최우선 기준점으로 둔다. 그리고 이를 조직 전반에 적용한다. 그래서 구성원들의 자발적 조직 몰입과 헌신적 업무 수행 태도를 끌어낸다. 넷째, 구성원 개개인의 잠재 역량을 전적으로 신뢰한다. 행여 실수가 발생하더라도 개인을 비난하거나 괴롭히기보다 문제 해결의 디딤돌로 삼는다. 어떤 상황에서도 구성원들을 비난하거나 미워하지 않는다. 다섯째, 열정적이며 자신의 업무와 팀에 헌신한다. 그들은 진심으로 그들이 하는 일을 사랑하고 자신과 함께 일하는 사람들을 사랑한다. 여섯째, 팀에 대한 지원과 안내를 마다하지 않는다. 상황이 얼마나 어려운지 상관없이 언제나 팀을 돕고 실패에 대한 책임을 나눈다.

나에게 먼저
친절하라

나를 사랑한다는 것이 '나만' 사랑한다는 뜻은 아니다. 착하고 성실한 대부분의 사람은 자기부터 사랑하는 일을 꺼린다. 나보다 심각한 문제나 어려움을 겪고 있는 사람이 많은데, 나를 먼저 생각하고 산다는 게 너무 이기적인 일 아닌가 하고 생각하는 것이다. 그래서 셀프 컴패션이 오히려 자신을 이기적으로 만들고 자기중심적으로 만들어 다른 사람들로부터 자신을 고립시키는 게 아닐까 우려한다.

실제로는 정반대다. 자기 자신에게 가슴을 활짝 열수록 남들에게 더욱 친밀감을 느낀다. 셀프 컴패션은 궁극적으로 다른 사람을 향한 친절의 토대이다. 여러 연구 결과에 따르면 셀프 컴패션을 잘하는 사람일수록 타인과 원만한 관계를 유지한다고 한다. 연인 관계에서는 상대방을 더 잘 돌보고 지지하는 최고의 연인이 되고, 갈등 상황도 능숙하게 잘 헤쳐 나간다. 자기 자신의 특별함을 받아들이면 다른 사람에게도 좀 더 마음이 열리고, 그들만의 특별함을 발견할 수 있다. 결함이 있는 자신을 겸허하게 받아들이면 남들의 결함도 그의 개성이라 여기고 너그럽게 받아들일 수 있기 때문이다.

'도대체 나에게 무슨 문제가 있는 거지?' '나는 왜 제대로 되는 일이 없을까?' '왜 하필이면 나한테만 이런 일이 생길까?' 우리는 이렇게 스스로를 비난하고 자책하는 데 너무 익숙해져 있다. 익숙함을 넘어서 자동화되어 있다고 해도 지나치지 않을 듯하다. 자신에게 관대하지 못하고, 자신을 사랑하지 못하는 사람은 다른 사람에게 진정한 친절이나 사랑을 베풀기 어렵다고 한다. 자기를 따뜻하고 친절하게 대하는 것은 자연스러운 일이다. 내 마음의 상처를 먼저 알아차리고 치유해야 한다. 자신에 대한 친절은 이기심이 아니다. 먼저 자신을 사랑할 때, 타인을 사랑하는 힘이 배가 된다. 먼저 나에게 친절하자!

부정적인
자기 대화에서 벗어나라

자기 관리는 현대인의 숙명이다. 끊임없이 지식과 기술과 체력을 연마해야 하는 동시에 경쟁자에게 약점을 들키지 말아야 한다. 무한 경쟁 사회가 만들어낸 결과물이다. 부적절한 말 한마디 때문에 그동안 공들여 쌓아 올린 경력이 하루아침에 무너질 수도 있다. 급변하는 사회의 흐름 속에서 자칫 방심하는 순간 나락으로 떨어질 수 있다. '자기 관리를 못한 사람'이라는 낙인은 모든 직장인에게 공포다. '자기 계발'도 자기 관리만큼이나 부담스럽다. 남에게 뒤처지지 않기 위해 날마다 자신을 몰아쳐야 한다. 늘 자신을 단속하고 검열하고 닦달하는 일이 세상의 미덕으로 자리했다. 자신에게 후한 사람이기보다 엄격한 사람이 되어야만 훌륭한 사람으로 대접받는다.

이렇듯 자기 자신을 정서적으로 학대하다 보면 몹시 나쁜 버릇이 생긴다. 남의 말은 정중하고 성의 있게 들어주면서도 자기 자신에게는 쉽게 비난을 퍼부어 댄다. 마음의 상처를 위로하기는커녕 되레 후벼 파는 일에만 열중한다. 자기를 사랑하는 방법을 상실해버리는 것이다. 마음챙김 지도자 신시아 케인(Cynthia Kane)은 자신의 저서 《나에게 친절히 대하는 기술》에서 화법의 개선에 대해 말한다. 국제

의사소통 연구소(Intentional Communication Institute)의 설립자이기도 한 그녀는 "사실 우리는 자기 자신의 가장 친한 친구이다. 우리의 정신적 행복에 자기 자신만큼 관심을 갖고 있는 사람은 없다"라며 자신에게 따뜻하게 말하는 방법을 설명한다. 우리 마음은 긍정을 통해 다시 일어설 자양분을 얻는다. 그러니 자신에게만 유독 인색한 사람이라면 셀프 격려와 자애심 키우기가 무엇보다 절실하다.

'말 한마디로 천 냥 빚을 갚는다'라고 했다. 온화한 화법은 내가 나에게 진 빚을 갚아준다. 내가 나에게 주는 고통을 멈출 수 있고, 객관적인 거리를 두고 자신을 바라볼 수 있다. 신시아 케인은 자기 자신과의 아름답고 끈끈한 소통을 위해서는 세 가지 기준을 염두에 두어야 한다고 강조한다. '나 자신에게 하는 말이 진실한가? 그 말이 유익한가? 그 말이 친절한가?'이다. 이 기준을 근거로 스스로에게 하고 있는 말버릇을 살펴보아야 한다. 자기 자신을 쓸데없이 공격하지 말자. 아픈 마음이 나아지지 않는다면 스스로에게 친절하지 않은 탓이다. 유익하지도 않을 뿐더러 자세히 뜯어보면 사실이 아닐 것이다.

부정적인 자기 대화는 우리의 잘못된 판단과 의견에 근거하고 있다. 다시 말하면 그것은 '사실'이 아니며 짐작이나 오해일 뿐이다. '잘남'과 '못남'을 가르는 근거는 아주 주관적이다. 어떤 사람에게는 과체중으로 여겨질 수 있는 몸무게가 또 어떤 사람에게는 체중 미달이 될 수도 있다. 우리가 말하는 기준이란 주관적 판단에 지나지 않는다. 설령 그것이 객관성을 얻었다고 할지라도, 그것은 보다 많은 사람의 주관적인 판단이 모인 것일 뿐이다.

자신에 대한 판단을 바로잡으려면 언어 습관부터 고쳐야 한다. 나에게 쓰는 말투가 나의 행복과 미래를 결정한다. 우리가 자기 자신에게 말을 거는 방식이 우리의 인생관과 세계관을 규정한다. 그러므로 말버릇을 바꾸면 우리 삶을 얼마든지 좋은 방향으로 변화시킬 수 있다. 부정적인 자기 대화를 내려놓고 편견이 생기는 것을 차단해야 한다. 유익하고 친절한 말로 연민을 가지고 자기 자신에게 말해야 한다. 가장 중요한 인간관계는 나 자신과의 관계이다. 누구보다 나를 잘 알고 나를 가장 사랑할 수 있는 사람은 나 자신이다.

마음을 열면
새로운 길이 열린다

툽텐 진파(Thupten Jinpa)는 스님 출신으로 티베트 불교학의 중심지 간덴 사원(甘丹寺)에서 스님들을 가르치고 있다. 영국에 있는 세계적인 명문 케임브리지대학교에서 박사 학위를 받았으며, 1985년부터 달라이 라마의 영어 통역을 맡고 있다. 그가 미국 스탠퍼드대학교 연구팀과 공동 개발한 '컴패션 계발 프로그램(Compassion Cultivation Training)'은 삶을 근본적으로 바꾸는 방법이다. 전통적인 티베트 명상과 현대 심리학을 접목한 것으로 임상 과정에서 상당한 효과를 입증했다. 초보 단계부터 고급 단계까지 체계가 탄탄히 잡혀 있어 명상에 입문하는 사람부터 명상의 깊은 단계에 이르려는 사람까지 누구나 활용할 수 있다. 자신을 짓누르는 우울과 불안, 두려움에서 벗어나 건강한 삶과 균형 잡힌 삶을 위한 길잡이 역할을 한다.

툽텐 진파의 관점 역시 인생을 혁신하는 키워드는 '컴패션'이다. 컴패션은 자신의 삶을 안정적으로 이끌어가도록 돕는 유용한 도구이다. 그는 저서 《두려움 없는 마음》에서 "상처를 안 받는 것이 중요한 것이 아니라 그 상처를 통해 스스로를 보살피는 법을 배우고, 실망도 하고 아프기도 하면서 다가오는 날들을 용기 있게 맞이할 수 있는 힘을 기르는 것이 중요하다"라고 지적한다. 무한 경쟁 사회에서 우리는 언제든 패배할 수 있다. 실패와 좌절을 납득하지 못한 채 분노할 수 있겠지만, 분명한 것은 화를 낸다고 해서 현실이 변하지 않는다는 것이다. 자기 마음만 괴로워지고 건강만 상할 뿐이다. 차라리 현실을 있는 그대로 받아들이고 편안한 마음으로 삶을 관조하는 자세가 마음의 짐을 덜어줄 수 있다. 마음을 열어야 경험하는 모든 일에서 배움을 얻을 수 있다. 그래야만 삶에서 맞닥뜨리는 어려움에 보다 지혜롭게 대응할 수 있다.

컴패션을 가로막는 가장 큰 장애물은 자존심이다. 자존심이 센 사람은 얼핏 강인해 보이지만, 실은 그것은 두려움의 다른 형태일 뿐이다. 자신의 연약한 자아가 조금이라도 다칠까 봐 마음을 꽁꽁 닫는 것이다. 강한 것이 아니라 경직된 것이다. 자존심이 센 사람일수록 눈에 보이는 성공에 집착한다. 있는 그대로의 자기 자신에 대한 만족감과 자신감이 결여되어 있기 때문에 표면적인 성과와 보상으로 자신의 정체성을 대체하려는 경향이 강하다. 실제로 자존심은 절대 행복하거나 평화로운 상황에서 일어나지 않는다. 반드시 부끄러움, 죄책감, 패배감과 같은 부정적 감정 뒤에만 따라온다. 신세가 초라해질수록 자존심에 집착하게 마련이다. 자존심은 용기나 배짱이 아니라 '두려움'과 '찌질함'에 지나지 않는다.

거듭 강조하거니와 인생의 해법은 자존심이 아니라 컴패션에 있다. 마음을 닫으면 삶의 길도 막힌다. 마음을 열어야만 새로운 삶이 열린다. 악기를 배우듯 행복감이나 컴패션도 기술이므로 꾸준히 연마하면 익힐 수 있다. 우리가 명상을 해야 하는 까닭은 마음을 훈련하면 바꿀 수 있기 때문이다. 인간의 마음과 뇌도 신체 기관이어서 훈련에 반응한다.

받아들임 훈련만이 우리를 지혜롭고 안락한 곳으로 인도한다. 요컨대 행복은 고통과 슬픔을 피한다고 해서 오는 것이 아니다. 마음의 평정을 잃지 않고 지금 있는 그대로의 순간을 기꺼이 받아들이는 데서 온다. 그동안의 삶을 되돌아보자. 고통과 슬픔은 부정하거나 회피할 때 찾아온다. 반면 진실을 있는 그대로 받아들이면 괴로움으로부터 벗어날 길이 열린다. 자기 자신과 타인을 있는 그대로 존중하고 자비를 베풀 때 진정 아름다운 삶을 살 수 있다. 물론 쉬운 일은 아니다. 그래서 연습이 필요하다. 하지만 피할 수 없는 아픔에서 벗어나기 위해 몸부림치기보다 인내와 이해의 힘을 기르는 것이 훨씬 더 효율적이다. 명상은 그저 자기 자신으로만 존재해도 전혀 부족함이 없고 이상할 것 없는 상태로 되돌려줌으로써 '나'를 치유한다.

자기 자신을 이해하고 사랑하는 마음은 온 세상을 받아들이는 마음입니다.

자기 자신은 소중하고 거룩한 존재입니다.

사랑과 연민, 기쁨과 평정의 거룩한 마음으로 가득합니다

자신을 사랑하는 사람만이 남에게 진정한 사랑을 베풀 수 있습니다.

사랑은 행복의 원천이고 삶을 활기차게 만들어주는 생명수입니다.

이제부터는 자신을 있는 그대로 받아들이며 사랑하도록 합니다.

이제 당신이 명상을 해야 할 때

양손을 가볍게 가슴에 모아줍니다.

따스하고 훈훈한 마음을 자신에게 보내면서 사랑과 연민,

기쁨과 평온이 가득하게 합니다.

마음속으로 따라 합니다.

지금 이대로 있는 그대로 이 몸과 마음을 사랑합니다.

지금 이대로 있는 그대로 이 몸과 마음을 사랑합니다.

지금 이대로 있는 그대로 이 몸과 마음을 사랑합니다.

– '하트스마일 감사수용 명상' 중에서

고싱가의 숲

명상 전문 기업 무진어소시에이츠㈜에는 명상 전용 공간이 있다. 이곳에서 나는 대중을 상대로 명상 실습을 진행하고 있다. '하루명상' 애플리케이션에 올릴 각종 콘텐츠를 촬영하는 곳이기도 하다. 명상할 공간을 필요로 하는 개인과 단체에 대여도 해준다. 이곳은 미니멀리즘(minimalism)의 극치를 보여준다. 깨끗하고 널찍한 방 안에 아무런 물건이 없다. 오직 따사로운 햇살만이 들어와 숨 쉴 뿐이다. 유명한 산사(山寺)에 있는 선방(禪房)만큼이나 고요하고 정갈한 공간으로 꾸며놓았다. 좌복을 깔고 가부좌를 튼 채 앉아 있으면 시간을 잊을 수 있고 걱정을 잊을 수 있다.

이 방의 이름은 '고싱가의 숲'이다. 고싱가의 숲은 석가모니 붓다의 육성이 담긴 초기불교 경전인 빨리어(語) 니까야(Nikaya)에 나온다. 니까야에 보면, 살라(Sala)꽃이 만발한 숲에서 붓다와 제자들이 진리에 대해 즐겁게 이야기를 나눈다. 살라나무는 불교에서 신성하게 여기는 나무 중 하나로 스리랑카나 태국 같은 남방불교 사원에서 종종

볼 수 있다. 복숭아색의 두툼한 꽃잎이 인상적인 나무다.

붓다가 살라나무 그늘 아래서 제자들에게 말한다. "초여름 더위가 숲속의 가지에 꽃을 피우듯이, 그에 비할 수 있는 평안에 이르는 묘법(妙法)을 눈뜬 사람이 가르치셨다. 이익이 되는 최상의 일들을 위해서. 이 뛰어난 보배는 눈뜬 사람 안에 있다. 이 진리에 의해 행복하라(법정 스님의 번역)." 이에 제자 가운데 사리뿟다가 묻는다. "어떤 수행자가 이 고싱가의 숲을 밝힐 수 있습니까?" 주석에 따르면 고싱가의 숲을 밝히는 것은 두 가지 아름다움이다. 하나는 숲의 아름다움, 또 하나는 참사람의 아름다움이다. 살라꽃 향기로 가득한 숲속에서 위 없이 바른 깨달음을 얻은 붓다와 그의 친구들이 향기로운 법담을 나누기에 고싱가의 숲은 빛나는 것이다.

3월부터 5월까지 인도는 혹서기다. 곧 석가모니 붓다가 설법을 하고 있는 시기는 아직 본격적인 무더위가 찾아오기 이전의 봄날이다. 온갖 꽃들이 만개하는 화창한 날씨 속에서 더없이 지혜롭고 정직한 사람들이 청정하고 질박한 마음을 나누고 있다. 내가 명상 수련실을 '고싱가의 숲'이라고 명명한 까닭은 그만큼 이 압도적인 안락과 평화가 그립기 때문이다. 명상의 힘이 무르익으면 우리도 고싱가의 숲으로 갈 수 있다.

명상을 통해 우리는 붓다와 그의 제자들처럼 '눈뜰' 수 있다. 온전한 깨어 있음을 얻을 수 있다. 그것은 앞서 밝힌 대로 있는 그대로의 나 자신을 사랑할 수 있는 마음이다. 돈이 얼마나 많든, 어떤 직위를 갖고 있든, 그냥 이 모습대로 나는 온전하고 믿음직하고 사랑스러운 존재라는 것을 깨달을 수 있다. 아울러 내게 주어진 조건을 순순히 받아들이고 그 속에서 최선을 다하는 일이, 이번 생에서 내가 해야 할 일임을 체감할 수 있다. 이렇게 완전한 만족감을 가지게 되면 타인에 대해 감사하는 마음을 가질 수 있다. 세상에 대해 특별히 바라는 것이 없으니 미워하지 않게 되는 것이다. 진정한 자비는 진정한 지혜에서 나온다. '온전한 깨어 있음'을 기반으로 몰입과 지혜와 감사와 자비의 힘이 서로 어울려 순환하는 것, 이것이 바로 명상으로 성취할 수 있는 완전한 인간형이다.

누군가 나에게 행복을 위한 단 한 가지 방법을 고르라고 한다면 나는 주저 없이 명상을 택할 것이다. 자신 있게 말할 수 있다. 명상은 삶을 살아가는 데 있어 가장 유용하고 확실한 도구이자 기술이다. 명상을 하면 스트레스를 덜 받을 수 있고 타인과 좋은 관계를 유지할 수 있다. 보다 건전한 방법으로 보다 더 많은 돈을 벌 수도 있다. 치열하게 살면서도 쫓기는 삶이 아니라 여유로운 삶을 살 수 있다. 명상은 삶을 삶답게 하는 최고의 에너지원이다. 인류와 후손에게 널리 알리고 전승해야 할 고귀한 문화유산이다. 심지어 비용도 저렴해서 그야말로 가성비 슈퍼 갑이다. 그러니 내가 왜 명상을 하지 않겠는가? 고싱가의 숲은 여러분들에게도 활짝 열려 있다.

이제 당신이
명상을
해야 할 때

일과 삶의 균형을 찾고 싶은
당신에게 꼭 필요한 한가지

2021년 8월 27일 초판 1쇄 발행

지은이 김병전
발행인 박상근(至弘) • 편집인 류지호 • 상무이사 양동민 • 편집이사 김선경
편집 이상근, 김재호, 양민호, 김소영, 권순범 • 디자인 쿠담디자인
제작 김명환 • 마케팅 김대현, 정승채, 이선호 • 관리 윤정안
펴낸 곳 불광출판사 (03150) 서울시 종로구 우정국로 45-13, 3층
　　　　대표전화 02) 420-3200 편집부 02) 420-3300 팩시밀리 02) 420-3400
　　　　출판등록 제300-2009-130호(1979. 10. 10.)

ISBN 978-89-7479-935-9 (03190)

값 15,000원